図解 オンライン研修入門

Online

Job Training : an Illustrated Guide

HRインスティテュート 著
三坂健 編著

Discover
ディスカヴァー

はじめに

本書を手に取ってくださった皆さん、こんにちは！

まずは本書に関心を持っていただき、誠にありがとうございます。おそらく皆さんは企業や組織に所属し、何らかのかたちで人材育成に関わっている方ではないでしょうか。私たちHRインスティテュートは、経営コンサルティングや組織・人材開発を主に行い、企業やそこで活躍する個人の皆さんをご支援している会社です。まもなく創業28年目を迎えます。

本書はタイトルのとおり、オンライン研修について解説する本です。

2020年春、新型コロナウイルスの影響で、企業で従来スタンダードとされてきた、いわゆる集合型（対面型）の研修を実施することができなくなりました。新入社員研修を目前に控えていた多くの企業では急な判断が求められる事態となりました。

そんななか注目が集まったのが、オンライン研修です。本当にうまくいくのだろうか、育成の目的を達成することができるのだろうか。このような問いを誰もが抱えながらも、半ば見切り発車でスタートしました。

しかし、いま振り返ってみると、この変化は単なる半年の変化に留まらず、今後の教育のあり方や人材育成のあり方、講師や人事担当、人材開発担当の役割、位置づけを見直す機会をもたらしました。いつしか話題と関心は「オンラインでやるしかない」から、「オンラインをどう活用していくか」に変化していきました。

この変化によって得られたもの、それは何でしょう。本書でも述べていますが、大きく3つあると考えています。

①目的を達成するための効果的なアプローチを増やすことができた
②日常の業務や組織における育成の位置づけを再定義できた
③一人ひとりが学びをより柔軟に捉えることができるようになった

①については、企業や組織が従来の集合型研修に加え、オンラインで機動的に研修や教育を実施する方法を新たに手に入れたということです。それにより、画一的だっ

た（きつい言い方をすれば、惰性で行われていた）研修や教育を、より目的にそって

さらに効果的に進めるにはどうすればいいか、という〝問い〟が生み出され、異なる

アプローチを検討することができるようになりました。これは企業の教育のみならず、

学校教育、塾での学習においても同じことがいえるのではないでしょうか。

②については、社員育成プログラムを、1日、2日という単位ではなく1時間、2時間という単位で、しかも社員の移動を伴わずに設定できるようになったということです。それにより日常業務との調整がしやすくなり、「特別な出来事」ではなく「日常の習慣」として教育や研修を組み込みやすくなりました。背景にはもちろん、テレワークの浸透もあります。これにより人事や人材開発担当者、職場のマネージャーにとってはあらためて育成や教育を定義しなおす機会となったのではないでしょうか。

こうした変化は、③につながります。これまでの研修は「特別な出来事」として、1日から長いときで1週間程度の時間を確保し、受講することが当然とされてきました。もちろんそうした研修は今後も必要とされるでしょう。一方で手段が多様化したことにより、受講する側もより学びを柔軟に捉えることができるようになりました。

この半年間、私たちは、クライアントやパートナー企業の皆さまと共に、「オンライン研修」の企画・検討・実施・検証を日夜繰り返してきました。その中で、さまざまな発見や戸惑い、驚きも経験しました。オンライン研修はスタートしたばかりの新しいアプローチです。ハードやソフトの進化とともに、今後より一層進化を遂げていきます。それに伴い、私たちも変化を恐れず、進化を遂げていく必要があります。

一方で、組織における人材育成や教育のあり方の本質を見誤ってはいけません。オンライン研修はあくまでひとつの「手段」にすぎず、従来からの集合型研修や現場でのＯＪＴ、個人のセルフ・ディベロップメントなど、ほかの複数の「手段」との組み合わせの中で目的は達成されていくものです。

本書はこうしたことに日常的に問いを持ち、時に頭を悩ませ、新たな手法やより効果的なアプローチを検討されている人事、人材育成担当、組織のマネージャーの皆さんの一助となるべく、私たちのおよそ半年間のオンライン研修の実績をもとに執筆したものです。受講者数にしておよそ2万人以上、回数にして１０００回以上におよぶオンライン研修の経験をもとにしています。

ぜひ本書をご活用いただき、より柔軟で、より型破りで、より目的を達成する育成や教育があらゆる現場で繰り広げられること、それにより一人でも多くの人が前をむいて、成長を楽しむ機会が得られることを願っています。

では、「オンライン研修」の世界を一緒に見ていきましょう！

２０２０年10月１日

今やオンライン研修の発信拠点となっている原宿・神宮前の弊社オフィスにて

ＨＲインスティテュート代表取締役社長　三坂　健

図解 オンライン研修入門

CONTENTS

第2章 オンライン研修の魅力と課題

第3章 オンライン研修のノウハウ・ドゥハウ（講師編）

第4章 オンライン研修のノウハウ・ドゥハウ（受講者・事務局編）

第5章 ケースから学ぶ実践のコツ

第6章

こんなとき、どうする？ Q&A

第7章 オンライン研修の未来

序章

オンライン研修への対応で組織の未来が変わる

1

オンライン研修がやってきた！

●テレワークの中でも「学びを止めるな」

令和2年3月、私たちHRインスティテュートは創業以来続けている「ビジョンツアー」でアメリカに行くことを予定していました。西海岸を中心にシリコンバレーやロサンゼルス各地を巡り、多くの人とのアポも入れさせていただいた矢先、新型コロナウイルスの影響が拡大し、社内で慎重に検討した結果、残念ながらツアーは翌年に延期となりました。

そこで本来はツアー用に確保していた日程やエネルギーを「オンライン研修」に一気に費やすことにしました。私たちの想いはひとつ。ウイルス感染防止の観点からテレワークが推奨される中、4月に多くの企業で予定されている新入社員研修の実施ができなくなってしまう——そんな状況下で、今まさに困っている経営者、人事部、入社予定の内定者がたくさんいるだろう、そんな皆さんのために何ができるだろうか？

そこで私たちは「学びを止めるな」を合言葉に、**「オンラインシフト」**に向けて舵を切りました。

半ば五月雨式に準備を進めたオンライン研修は、4月には「新入社員オンラインパッケージプログラム」として完成しました。ビジネスマナーに始まり、ロジカルシンキング、顧客向けコミュニケーション、報連相の基本、ビジネスライティングの技術の5本パッケージ。すべて事前に動画を観て学習し、オンライン上では半日のディスカッションメインのプログラムとして実施しました。いわば**「反転学習」スタイル**です。

この新入社員パッケージプログラムはおかげさまで多くのクライアントでご導入いただくことができ、以後、私たちのオンラインプログラムの開発のベースになりました。

●時代の変化を促すオンライン研修

このように従来のスピード感では考えられない展開で開発〜導入されたオンライン研修ですが、そうした状況だったのは私たちだけではなく、どこの研修会社も、クライアントも同様であったと思います。

ただこの時点では、正直なところ、プログラムを開発し、実施している私たち自身も半信半疑であり、このままオンライン研修が定着するのかどうか確信が持てない状

図01 「反転学習」スタイルとは

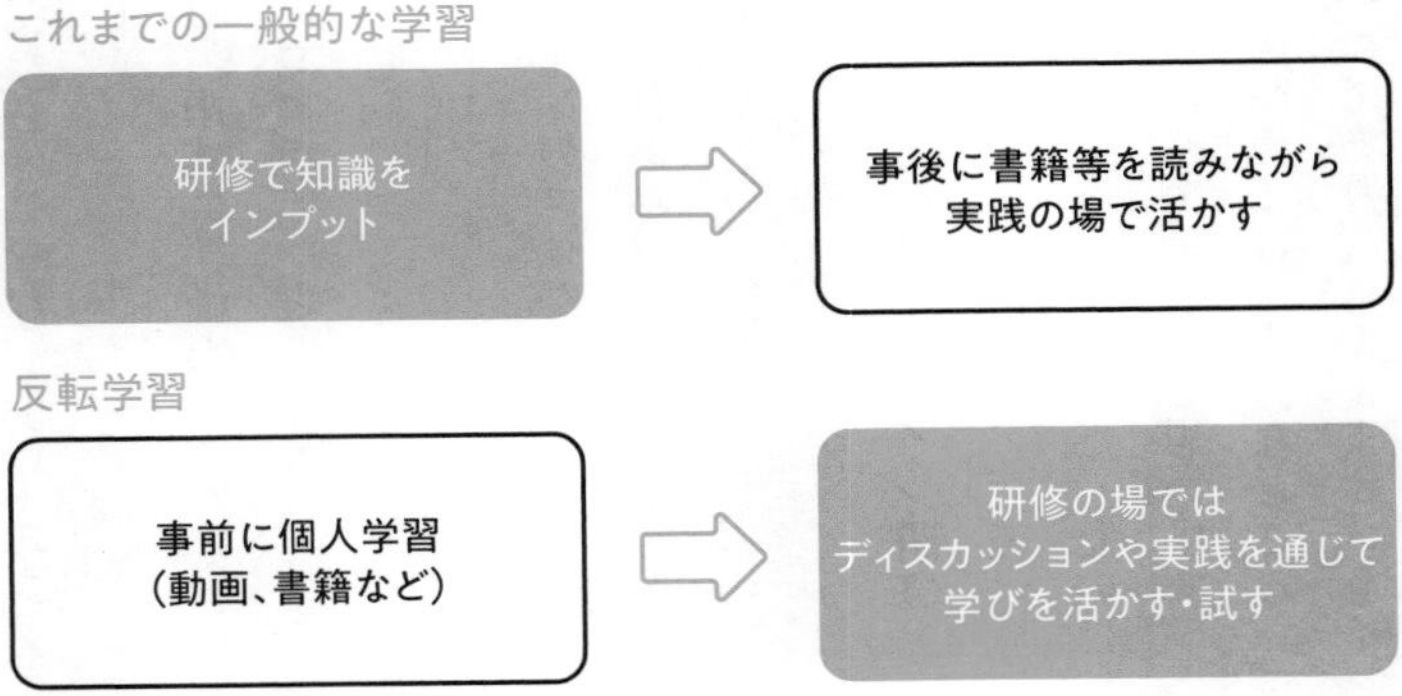

これまでの一般的な学習
研修で知識をインプット
事後に書籍等を読みながら実践の場で活かす
反転学習
事前に個人学習（動画、書籍など）
研修の場ではディスカッションや実践を通じて学びを活かす・試す

況でした。また、クライアントにおいても、導入に際して「リアルの集合型研修ができないから、仕方なくやる」というスタンスが大半だったと思います。

しかし実際にやってみると、「オンライン研修、意外とできるね」「実はいいかも……」という声が出てきました。また、オンライン研修で向き合う受講者の皆さんも、リアルの研修と同じか、いやそれ以上に、主体的に、前向きに取り組んでくださっているではありませんか。

こうした経験から、私たちの半信半疑なスタンスは次第に、オンライン研修の価値や意義に対する確信へと変わっていきました。

図02 反転学習を取り入れた「新入社員オンラインパッケージプログラム」

	AM	PM(3時間) オンライン実施	
1 ビジネスマナー	事前課題動画(1~2hの動画視聴)	◆オリエンテーション 【演習】学生と社会人の違い (1)マナーの大切さ (2)ビジネスマナー ①身だしなみ・姿勢 ②挨拶・言葉遣い 【演習】挨拶のポイントは?	(3)ビジネスシーン別の対応 ①電話 【演習】電話応対の実践 ②メールでのコミュニケーション 【演習】メールを送る ◆振り返り
2 ロジカルシンキング	事前課題動画(1~2hの動画視聴)	◆オリエンテーション (1) 悩まずに考える (2)ロジカルとは? (3)結論・根拠・事実を用意する(ピラミッド思考) 【演習】○○は必要ですか? (4)モレなくダブリなく全体像を押さえる(フレームワーク思考)	【演習】○○の売り上げをフレームで分解する (5)既成概念・固定観念を外して思考する(ゼロベース思考) 【演習】鋼鉄の板に穴を開けたい ◆振り返り
3 報連相の基本	事前課題動画(1~2hの動画視聴)	◆オリエンテーション (1) 職場におけるいいコミュニケーションとは (2) 報連相の考え方・やり方 ①報告のポイント 【演習】30秒で報告する ②連絡のポイント	【演習】電話の伝言内容をメールで伝える ③相談のポイント 【演習】良いアドバイスをもらう、相談の際の聴き方 (3)職場で報連相を実践する 【演習】こんな時どうします? ◆振り返り
4 顧客向けコミュニケーション	事前課題動画(1~2hの動画視聴)	◆オリエンテーション (1) ビジネスコミュニケーションとは? ①WIN-WINを形成する ②対話力を磨く~聴く、訊く、伝える 【演習】相手に動いてもらう (2)聴く&訊く力を鍛える ①聴く力(傾聴力)を磨く	②訊く力(質問力)を磨く (3) 伝える力を鍛える ①タイプを見極めて伝える 【演習】簡易思考特性診断 ②分かりやすく伝える ◆振り返り
5 ビジネスライティング	事前課題動画(1~2hの動画視聴)	◆オリエンテーション (1) ビジネス文書のポイント ①「ビジネス文書」の3条件 (2)書きたいことを構造化して整理する(ピラミッド構造) 【演習】ボトムアップで書きたいことをまとめる	(3)ビジネス文書実践 【演習】週報を送る 【演習】お詫びメールを送る 【演習】本研修の報告書を作成する ◆振り返り

●オンラインシフトがもたらすもの

このように半ば〝やむを得ず〟スタートしたオンライン研修ですが、実施をするにつれ、時代の変化にマッチしている新たな教育スタイルであることに気づかされるようになります。その時代の変化とは、図3に示すように、**ダイバーシティの浸透**であり、**テレワークへのシフト**です。

オンライン研修は集合型研修とは異なり場所の制約を受けずに参加しやすいため、これまで東京中心で行われていた研修にも広く参加が可能になります。また朝や夕方の1〜2時間といった短い時間での設定も可能なことから、時間的な制約の多い対象者も受講しやすくなります。

こうした新しい取り組みへのチャレンジは、硬直的だった企業内教育のあり方に一石を投じる効果をもたらしています。

毎年行われていた階層別教育や手上げ式教育を、リアルの集合型で実施するのか、オンラインに切り替えるのか、またはそれ以外の方法を取り入れるのか……。実施方法をどうするかという話から、研修の意義や目的にも議論は広がります。

オンラインシフトはこのように、組織と個の関係性をあらためて考え直す機会をもたらしてくれたといっても過言ではありません。

図03 人材育成領域における課題／テーマ／手法の変遷

	昭和 （高度成長期）	平成 （バブル崩壊〜失われた20年）	令和 （多様性・ダイバーシティ）
トレンド	・バブル絶頂期 ・ジャパン as No.1 ・モーレツ社員	・低成長 ・派遣労働開始 ・成果主義導入	・ダイバーシティ ・テレワーク ・ジョブ型雇用
育成課題	会社のために寝食を忘れて働ける人材の確保と育成	ゼネラリストとプロフェッショナルに分けた複線的育成	個の自立と自律を前提としたパーソナライズ化された育成
育成テーマ	・階層別教育 ・MBA	（左記に加えて） ・スキル教育 ・選抜教育	（左記に加えて） ・個人別教育 ・マイクロラーニング
育成手法	・集合型研修 ・海外留学 （社費・私費）	（左記に加えて） ・手上げ式教育 ・選抜教育 ・国内大学院	（左記に加えて） ・オンライン研修 ・スマホ等活用 ・VR等活用

2

オンライン研修が組織と個人の関係性を変える

●学びたいときに学べる組織、学びたい個人

これまでも企業は、社員にさまざまな形で学びの機会を提供してきました。これらは大きく、**①階層別教育**、**②選抜教育**、**③手上げ式教育**の3つに大別できます。

①階層別教育とは、入社したとき、主任になったとき、課長になったときなど、キャリアの節目ごとに提供する教育を指します。②選抜教育とは、選ばれた次世代のリーダー人材候補に対して与える特別な教育を指します。そして③手上げ式教育とは、社員が自ら学びたいと考えた内容を能動的に選んで受けることができる教育を指します。

オンライン研修は、この3つの教育のうち、特に「②選抜教育」や「③手上げ式教育」と相性がいいといえます。オンラインで研修を受講できるようになることで、社員が自ら学びたいときに学べる環境が整いました。このようにオンライン研修は、学びたい個人にとって最適な学びの場といえます。

●手上げ式教育のジレンマを解決するオンライン研修

なお、従来の手上げ式教育には少々課題がありました。それは、業務で忙しい人ほど手上げ式教育に参加する時間を確保できず、時間がある人に機会が偏ってしまう、というものでした。

主催する人事部としては、忙しくしている社員にこそ、自らを振り返り、向上する機会を持ってほしいと考えるものですが、思うようにいかない実態がありました。しかしながら、オンライン研修がスタンダードになれば、従来なら移動時間などにあてていた時間を、研修に参加する時間にシフトすることができるようになります。まさに、人事部が意図する人材が自ら手を挙げて学べる環境が整ったのです。

●オンライン研修が活きる組織

オンライン研修はこのように、従来に比べて学びやすい環境を社員に提供します。しかしながら、こうしたメリットを享受できる組織とそうでない組織が存在します。

メリットを享受できる組織とは、自らの意思で研修の受講がしやすい組織です。個人やチームの判断で自ら必要な研修を選び、受講できる環境が整っている組織であれば、オンライン研修が世の中に増えることは、学びの機会の増幅につながります。

一方で、メリットを享受しにくい組織とは、社員やチームの意思で研修を受けにくい組織です。上司の確認や上位組織の承諾を常に必要とする組織では計画的に決められた内容を優先して受講する必要があるため、柔軟に研修を選び、オンラインで受講するということが難しいといえます。

ヒエラルキー型組織 VS ホラクラシー型組織

上から計画が降りてきて、その計画どおりに物事を進める従来型の組織形態に対し、近年は、大枠としての目的や目標を共有しながら、あとはチームの自主性と主体性に運営が委ねられる組織形態が増えてきています。前者を「ヒエラルキー型組織」というのに対し、後者は**「ホラクラシー型組織」**といわれます。

ホラクラシー型組織であれば、先に述べたように、社員やチームの判断に従って、必要な学びを必要なタイミングで受講できるようになります。

オンライン研修に取り組むことが示す組織体質

このように、オンライン研修に取り組みやすい組織と取り組みにくい組織には、それぞれ特徴があります。オンライン研修の導入は、自らの組織のあり方を考えるうえ

図04 ヒエラルキー型組織VS ホラクラシー型組織

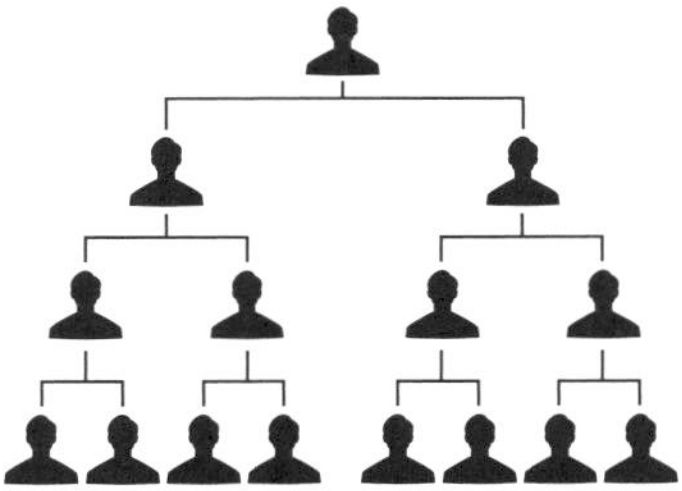

従来のヒエラルキー型組織
原則として、上司から部下への指示系統で成り立つ

ホラクラシー型組織
原則として、共通基盤としてのルールで成り立つ

での試金石ともなるのです。

しかしながら、後者の組織であったとしても、以下にあげる観点から、オンライン研修を導入することが組織体質を変えることにつながるかもしれません。

①新しい取り組みに挑む組織体質をつくる

オンライン研修は、これまで長く続いた集合型の研修と違って、どの企業もあまり経験したことがありません。経営のトップから職場の上司まで誰もが経験したことのない、いわば、「誰もわからない」取り組みなのです。

だからこそ、あえてチャレンジし、その効果を検証する機会と位置づけることができます。

実際に私たちがお付き合いしている人事や人材開発のご担当者は皆さん口をそろえて、「こういうタイミングでないと挑戦できないですから」とおっしゃっていました。

そう、誰もがわからない状況であれば、仮に失敗しても「仕方がない」で済む可能性が高いのです。これは、長年続けられてきた施策を引き継いで大きく変える場合の「失敗は許されない」というプレッシャーとは大きく異なります。

このようにオンライン研修への取り組みは、「まったく新しい取り組みにチャレンジしてみる」というフィージビリティ体質を強めるうえでも効果的といえます。

②育成の社内循環を生み出す

オンライン研修導入によって得られる2つめのメリットは、「育成の循環を生み出す」ことです。

先に述べたように、オンライン研修は対面の集合型研修より受講しやすく、より短時間で、効率的に学べる特徴があります。日常業務の中に「学び」「育成」を組み込みやすいのです。

そしてオンライン研修の講師は、必ずしも外部の研修会社や専門家でなくても構いません。管理職やベテラン社員が社内講師を務めることも、経理や法務などの専門部

図05　オンライン研修に取り組むことで促される組織体質のシフト

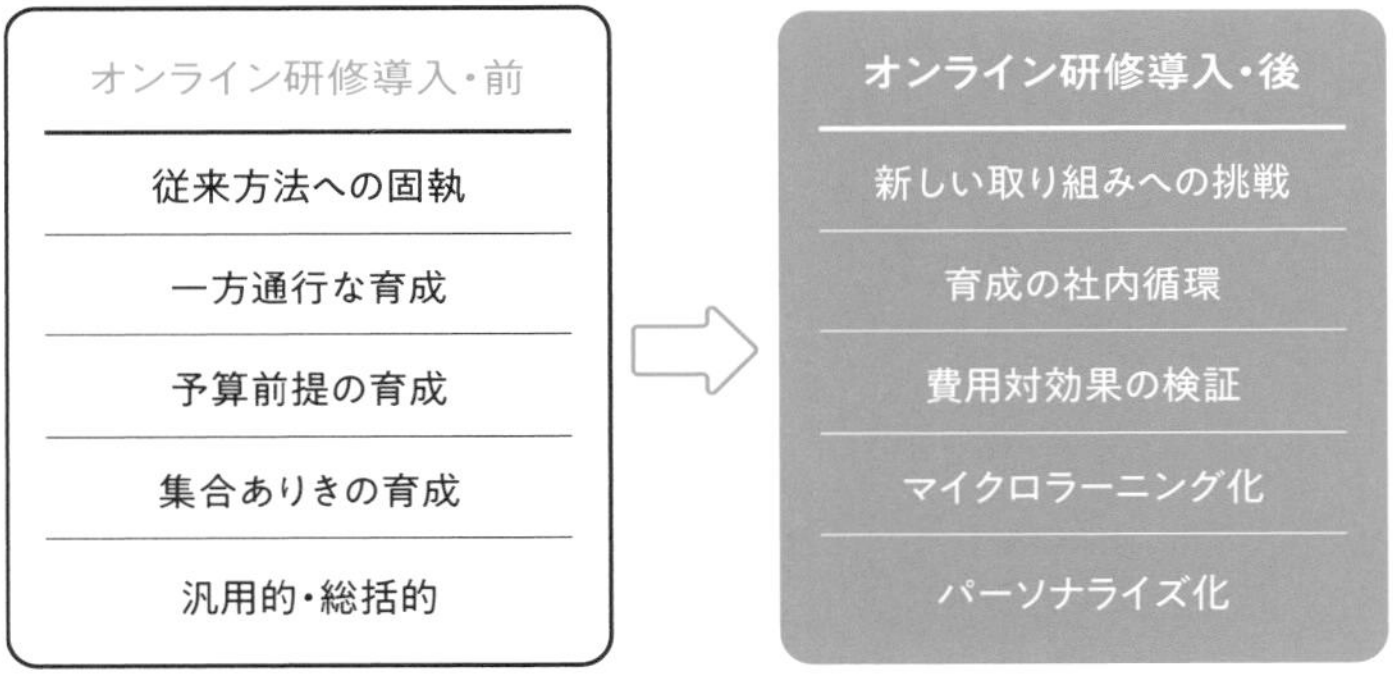

署に講師役を依頼することも可能です。開催する側も参加する側も、集合型よりもかなりハードルが下がります。

　このようにオンライン研修の導入は、社内に「育成の循環」を生み出します。常に教え合い、学び合う文化を醸成するのに、これほど良いタイミングはないのです。

③費用対効果を引き上げる

　オンライン研修導入の3つめのメリットは、「費用対効果の向上」です。

　研修や教育には、当然のことながらお金や時間がかかります。もちろん、効果の側面からは、オンライン研修が集合型より優れているとは言いきれませんし、後述するように、どちらのタイプの研修もそれぞれにメリットがあり、目的に合わせて適切に実施すれば効果を得ることができます。

ただひとついえるのは、オンライン研修は受講者の移動にかかるコストを大幅に減らすことができ、また短時間で実施しやすいという特徴も備えていることから、よりコンパクトな形で、必要な人に、必要な内容を細かく設定し提供できます。

そうしたことから、集合型とうまく使い分けて実施することで、費用対効果を引き上げる可能性を秘めているといえます。

第1章

そもそもオンライン研修ってどんなもの？

企業における人材育成の現在

〝企業が与える〟スタイルと〝社員が自ら学ぶ〟スタイル

企業における人材育成の種類は、大きく2つに分けられます。ひとつは、①企業側が提供するもの、もうひとつは、②社員が自ら学ぶものです。

前者（①）はさらにOJTとOff-JTに分かれます。OJTは、上司が日常の業務のなかで部下に作業方法等について指導する教育訓練のことです。Off-JTは業務を一時的に離れて行う教育訓練で、研修に代表されるものです。Off-JTの時間は業務から離れますが、「業務時間」とみなされます。

後者（②）の、社員が仕事に関する能力開発のために自発的に学ぶことを**「セルフ・ディベロップメント（自己啓発・自己研鑽）」**といい、一般的には業務外の個人的活動とみなされます。例としては、身近なものでビジネス関連の書籍や雑誌などの読書から、セミナー参加、通信教育、資格取得、大学院への通学等まで幅広くあります。

図06　企業内教育の全体像

●OJTの理想と現実

社会人の学びでよく引用されるのは、「70：20：10の法則」[1]です。70％を経験から、20％を上司から（フィードバックや助言）、10％を研修や本などから学ぶ、という説です。

皆さんの経験からも、OJTが最も重要であることは違和感なく理解できるのではと思いますが、OJTを各職場で実践するには難しさもあります。実際、計画的なOJTを実施している企業は最新の調査で60％程度に留まります。[2] 背景には、適切に指導でき

1　マイケル・ロンバルド、ロバート・アイチンガー『Career Architect Development Planner』（1996年）で言及されている
https://crd.ndl.go.jp/reference/detail?page=ref_view&id=1000170850

図07 Off-JTに支出した費用の労働者1人あたり平均額

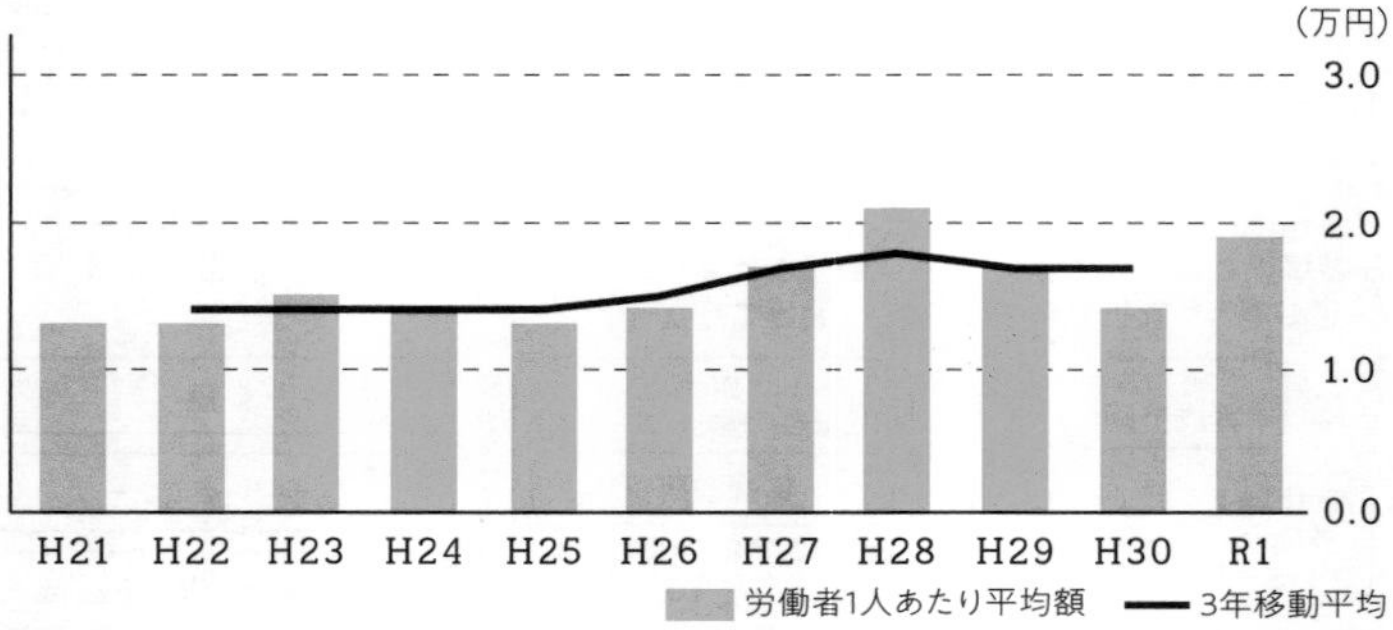

出典：厚生労働省「令和元年度能力開発基本調査」
https://www.mhlw.go.jp/stf/houdou/00002075_000010_00004.html

る人材の不足などがあるようです。[3]

OJTだけに頼ると、部下を適切に指導・アドバイスできているかは現場の上司任せになりがちです。フィードバックや助言も含めて、場当たり的な指導や業務割り当てになってしまうリスクがあります。

●Off-JTへの期待

OJTの弱みを補完できる役割として、Off-JTは効果的です。企業がOff-JTに支出した費用の労働者1人あたり平均額を見ると、近年ゆるやかに増えており、別の調査でも1社あたりの研修費の総額が2019年まで3年連続で伸びています。[4]

変化の激しい時代に、事業の根幹を担う人材を計画的に育てることの重要性が企業内で高まり、Off-JTを中心とした人材育成に投資していると考えられます。

●自己啓発・自己研鑽の手段の多様化

社員個人が学ぶセルフ・ディベロップメントについては、近年インターネットやSNSを利用したサービスが増え、その手段が広がっています。

手軽に学べるサービスとしては、Udemyをはじめ、テーマ選択型で手軽にオンライン動画の授業を視聴するサービスが立ち上がっています。他にも、国内外のニュースを配信するNewsPicksでは、NewsPicksアカデミアを設立し、オンライン講座視聴とリアルのイベントへの参加とを融合したサービスを提供しはじめました。

また、仕事をしながら大学院に通う社会人も増えています。国内MBA通学で最大規模となるグロービス経営大学院では入学者数がこの10年で5倍になっています。[5]

2 厚生労働省「令和元年度能力開発基本調査」計画的なOJTの実施状況よりhttps://www.mhlw.go.jp/stf/houdou/00002075_000010_00004.html

3 厚生労働省「令和元年度能力開発基本調査」人材育成に関する問題点の内訳によると、問題の第1位は「指導する人材が不足している」(58%)

4 日経リサーチ「スマートワーク経営」調査2018 1社あたりの人材投資より https://www.nikkei-r.co.jp/column/id=7005

背景には、教育訓練給付金制度で社会人の主体的な学びを補助する社会制度が整ってきていることも挙げられます。企業としても一律に与えるよりも、社員の主体的な学びをバックアップする制度を設けている企業は増えています。個人が自分のキャリアに合わせて主体的に学べる環境が整いつつあります。

●Off-JTがオンライン研修に移行

こうした各種の企業における教育に大きく影響を与えたのが、新型コロナウイルスの感染拡大でした。これまで、集合・対面型で行っていたOff-JTの研修が、集合も対面も不可となり、計画的に人材育成施策を準備していた人事担当者も大きな方針転換を迫られることになりました。

企業の対応としては大きく2つに分かれていると感じます。ひとつは、これまで行ってきた集合型研修をオンラインに切り替えて学びの機会提供を継続する企業。もうひとつは、企業としてのOff-JTの提供は一時停止し、セルフ・ディベロップメントに舵を切り、既存のサービスを活用して社員個人で学んでもらうという企業です。

どちらが正解でどちらが不正解ということはありませんが、学びを社員に丸投げするのではなく、セルフ・ディベロップメントへの金銭的・時間的支援策も含めて、社員の学びと成長に向き合う企業姿勢が問われているといえるかもしれません。

本書では、Off-JTの研修を集合型研修から、オンラインでのリアルタイム研修に切り替えた「オンライン（非集合型）研修」を対象に深掘りしていきます。

5 グロービス経営大学院ホームページ「年度別の入学者数」https://mba.globis.ac.jp/nextmba/takubo.html

2

オンライン活用の全体像

●爆発的に増えるオンライン対応サービス

本書で扱う「オンライン研修」は、インターネットを介して行う各種の人材育成に関するサービスの一部です。前項でお伝えしたように、個人向けの教育サービスまで含めると、学びの手段が多様化してきています。出勤や出張に制約があっても、インターネットを活用すれば、場所や時間を問わずにそれぞれの仕事や生活スタイルに合わせて、より柔軟に学べるようになりました。

●これまでの主流は一方通行の動画配信

オンラインでの人材育成サービスを、受講者と講師（提供側）の距離感で整理してみましょう。

より距離感が遠く、「疎」の状態のサービスにあたるのが、Eラーニングをはじめとした動画学習系サービスです。これまでは、こうした事前に撮影された動画を視聴するスタイルが、オンラインでの人材育成サービスの主力となっていました。Eラーニングは、好きなタイミングで手軽に視聴できること、社員一人ひとりに適したテーマを選択できることがメリットですが、一方的にコンテンツが配信されるので、どうしてもインプットが中心になります。

新型コロナウイルスをきっかけに急増したオンライン講演・ウェビナー（ウェブセミナー）も、主催者側がリアルまたは録画の動画を一方向に配信するものです。チャットでの質疑応答ができるケースはありますが、双方向性はやや低めです。

3密を避けながら、学びでは〝密〟な距離感も必要

学びの効果を考えると、ディスカッション等のアウトプットをしながら学ぶことが、理解と定着につながります。そのためには、受講者同士や講師との距離感がもっと「密」になり、柔軟にコミュニケーションをとる必要があります。

本書で取り上げる「オンライン研修」は、講師が一方的に伝える講義形式でなく、受講者とコミュニケーションをとりながら理解度に合わせて進行し、受講者同士のディスカッションも多く取り入れることが基本です。双方向性が高まり、講師と受講

者の距離感もぐっと近くなります。

より「密」な関係性が築けるサービスとしては、オンラインサロンやSNSを使ったグループチャットなどがあげられます。興味関心・問題意識が近い人同士でクローズドなコミュニケーションをとることができるのが特徴です。さらには、オンラインコーチングのように、個別のフォローアップをしたり、1対1でのやり取りを提供したりするサービスもあります。

新型コロナウイルス感染症流行下では、物理的に「3密」を避けることが推奨されていますが、人材育成においては、オンラインを活用して、疑似的に関係性の「密」をつくることができるのです。

そうして**関係性を「密」にすることで、受講者の悩みや課題に合わせて、柔軟にサービスの内容や運営を変えることが可能になります。**

●サービスの特徴に合わせた使い分け・組み合わせを

どんな場合でも「密」なサービスがよいかというと、そういうわけでもありません。インプットを重視するテーマであれば、動画学習系サービスが利用しやすいでしょうし、理解と定着を図るのであれば、双方向性の高いオンライン研修などのサービスを

図08 オンラインでの人材育成の全体像

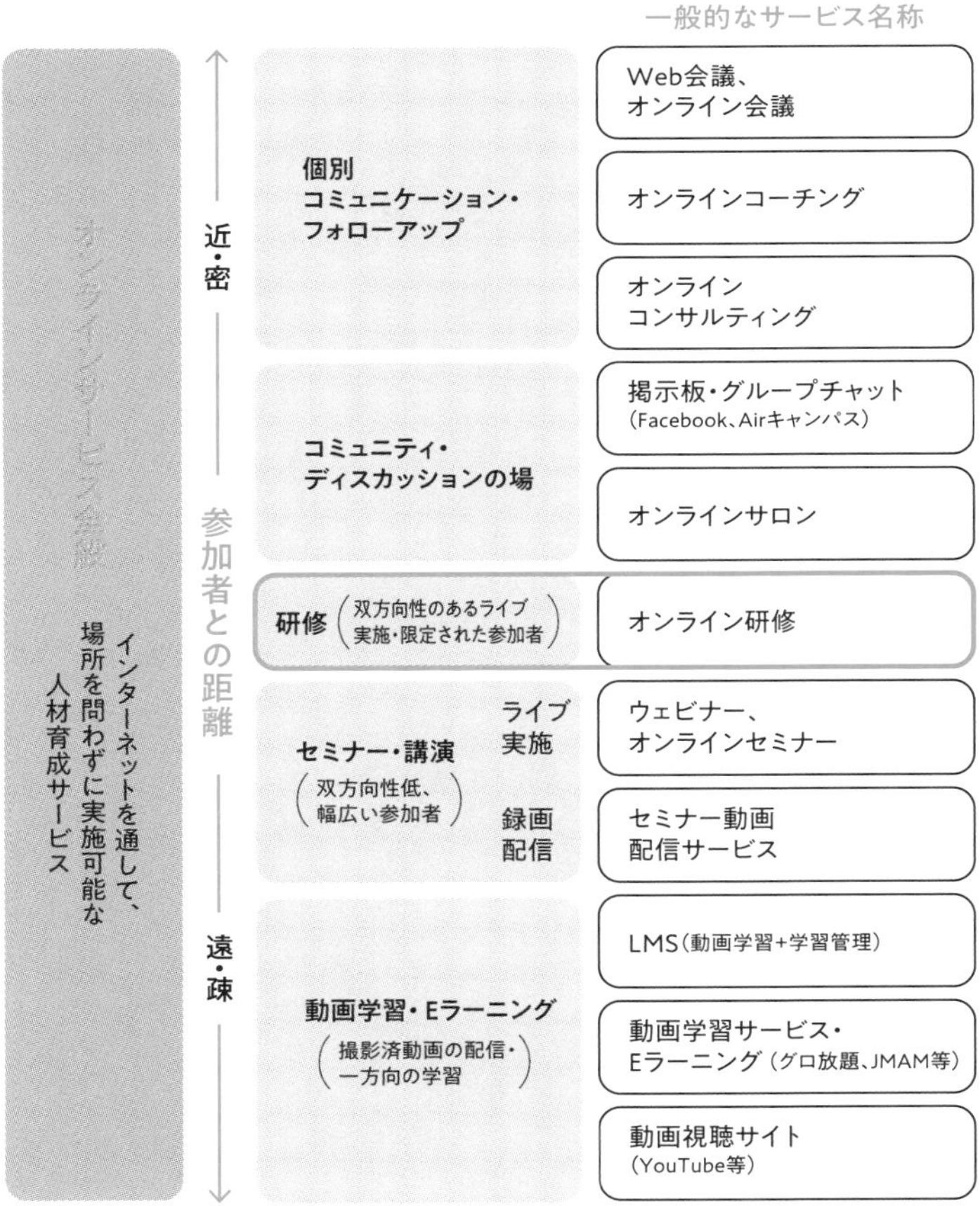
一般的なサービス名称
オンラインサービス全般
インターネットを通して、場所を問わずに実施可能な人材育成サービス
近・密
参加者との距離
遠・疎
個別コミュニケーション・フォローアップ
コミュニティ・ディスカッションの場
研修（双方向性のあるライブ実施・限定された参加者）
セミナー・講演（双方向性低、幅広い参加者）
ライブ実施
録画配信
動画学習・Eラーニング（撮影済動画の配信・一方向の学習）
Web会議、オンライン会議
オンラインコーチング
オンラインコンサルティング
掲示板・グループチャット（Facebook、Airキャンパス）
オンラインサロン
オンライン研修
ウェビナー、オンラインセミナー
セミナー動画配信サービス
LMS（動画学習+学習管理）
動画学習サービス・Eラーニング（グロ放題、JMAM等）
動画視聴サイト（YouTube等）

利用するほうが適切でしょう。

また、事前に動画視聴サービスを見て知識を得てから、オンライン研修でアウトプットに集中して取り組む、といった学び方も考えられます。このように、課題に合わせて柔軟に使い分けたり、組み合わせたりしていく工夫が求められています。

3

集合型研修とオンライン研修の違い

●集まれないから仕方なくオンライン研修？

多くの企業は、当たり前ですが、集合型研修（本書では「対面型研修」と同義）に慣れています。ですから、オンライン研修を検討していても、頭のどこかで、「できればこれまでどおり集合型で実施したいが、今はそれができないから仕方ない」と考えている担当者の方も少なくないでしょう。

もちろん、新しいことには抵抗があって当然です。でも、だからといって、「オンライン研修は結局、集合型研修ができないときだけ用いられる選択肢」なのかというと、果たしてそうでしょうか。

当然ながら、集合型研修とオンライン研修のどちらにもメリットとデメリットがあります。そして、今はせっかく新しいやり方をガラガラポンで生み出すチャンスです。これを機に、企業内研修のあり方をゼロベースで考えてみてはいかがでしょうか。

●企業内の研修スタイルの見直し

「これまでこうだったから」という前例主義とはお別れの時代です。思い込みや、何となくこれまでどおりに、という理由で同じ研修スタイルをとり続けていたのではないでしょうか。

これからの時代に合った学びのために、以下についてあらためて考える良い機会と捉えましょう。

- **研修の目的は何なのか？**
- **何が最も効果的なのか？**
- **どんな負の要素があるのか？**
- **どうしたら解決できるのか？**

ともかく組織として「学びを止めるな」というメッセージが重要です。どのような状況でも、そこに集う社員が成長＆進化できる〝学習する組織〟であることが求められています。そうでない企業は、優秀な社員に見放されてしまっても仕方のない時代です。組織も社員もお互いの価値を高め合うことができる仕組みづくりが重要です。

●集合型／オンライン、それぞれの魅力

集合型研修とオンライン研修それぞれのメリット・デメリットを図9－1にまとめました。相互に補完し合うスタイルですから、どちらが一方的に良い悪いということではありません。何を目的として、今回の優先順位としてはどの要因が大切かによって決断は変わります。

集合型の最大の魅力は「直接会って時間と経験を共有する」ということです。人間関係づくりには最適でしょう。特に合宿型で夜は懇親会という飲みニケーションも加われば、人的ネットワークが一晩で広がり深まる可能性は大です。

一方、**オンラインの魅力は、「時間がない、場所がない」というときにタイムリーかつスピーディに実施可能**な点です。タイミングが重要なのに、集合型を検討していると、企画＆準備だけで数か月経ってしまう、なんていうこともあり得ます。

それぞれが持っているデメリットに関しては、どのように工夫して克服していけばいいか、講師と事務局の知恵と知見の出しどころ、ということです。この後、それぞれの教育のあり方について見ていきましょう。

図 09-1 集合型研修とオンライン研修の違い（メリット・デメリット）

		集合型（対面）	オンライン研修
特徴		学習効果はもちろん、人脈形成、関係強化、風土醸成なども図れ、人材・組織開発効果は高い	遠隔地からも参加でき、費用・時間対学習効果は高い
効果・期待		仕事外の交流も含めた人間関係を構築する 多様な人たちとの個人的ネットワークをつくる 自分のレベル感、ポジションイメージをつかむ 他者との相対的なパフォーマンス比較から学ぶ 合宿型でグループワークや親睦会を通して時間を気にせず徹底的に対話をする	絶え間なく学び続けるラーニング環境をつくる 極力外出や遠出を控える コストダウンを図る 海外拠点も含め多拠点の数人ずつを集めて同時に実施する 時間的制約がある中で、とにかくスピード重視で育成施策を実行する
メリット	受講者	・場の熱気、緊張感を感じられる ・受講者同士の人脈をつくりやすい ・ディスカッションの量が多くなる	・遠隔からでもどこでも参加できる ・移動時間を最小限にできて時間効率がよい
メリット	事務局	・受講者の様子や空気感がわかり、生の声を拾える ・その場での柔軟な運営変更がしやすい	・会場や設備の準備・費用が不要 ・研修実施にかかるハード面（設備等）の費用が押さえられる
デメリット	受講者	・時間・場所が拘束される ・存在感や声の大きい参加者に左右されやすい ・講師、参加者のネガティブな要素が目につきやすい	・長時間の受講はストレスが大きい ・ネットワーク環境によっては接続に時間がかかったり、途中で途切れたりする ・受講者同士のディスカッション量は減る
デメリット	事務局	・会場、設備の準備が必要 ・研修会場費や受講者の交通費、宿泊費、昼食代などがかかる	・運営マニュアルを事前に周知・徹底する必要がある ・理解度を把握しづらい ・システムのトラブル対応が必要

図 09-2 学習効果の違い

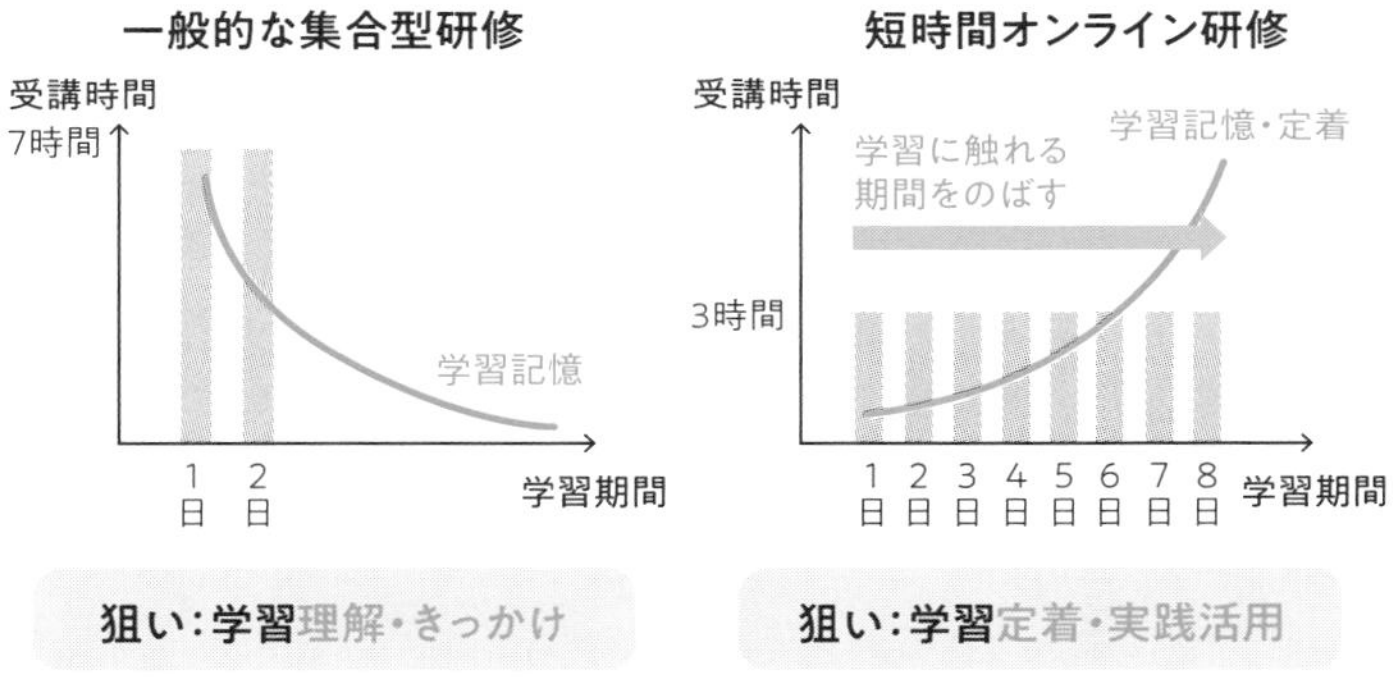

図 09-3 オンライン研修の位置づけ

	人との交流有	人との交流無
集合	集合型研修	アセスメント
非集合	オンライントレーニング	Eラーニング

主な活用イメージ

集合型研修：学習内容を「深める」場として活用
アセスメント：学習内容を「確認する」場として活用
オンライントレーニング：学習内容を「アウトプットする」場として活用
Eラーニング：学習内容を「インプットする」場として活用

4

Eラーニングとオンライン研修の違い

●そもそもEラーニングとは？

Eラーニングの定義は、一般的には「インターネットを活用した学習」とされ、そのコンテンツや学習方法、用いられるデバイスは日進月歩を繰り返しています。

筆者自身も2000年代後半、前職でコンプライアンスや情報セキュリティについてのEラーニングを受講しましたし、もう少し遡って2000年代前半には旧帝国ホテル本館の内観を3Dグラフィックにしたデジタル教材を用いて、建築や学習効果そのものについて大学でディスカッションをしたりしていました。

それから十数年たった今、VRによってリアリティのある実務学習が遠隔でも実施できるようになり、ユーチューブによって多くの人がコンテンツメーカーになるなど、時代も大きく進みました。かつては限られた人のための限られたツールだったEラーニングも、今や教材は多数あり、そのコンテンツやデバイスも多様になっています。

図10 Eラーニングの構成要素

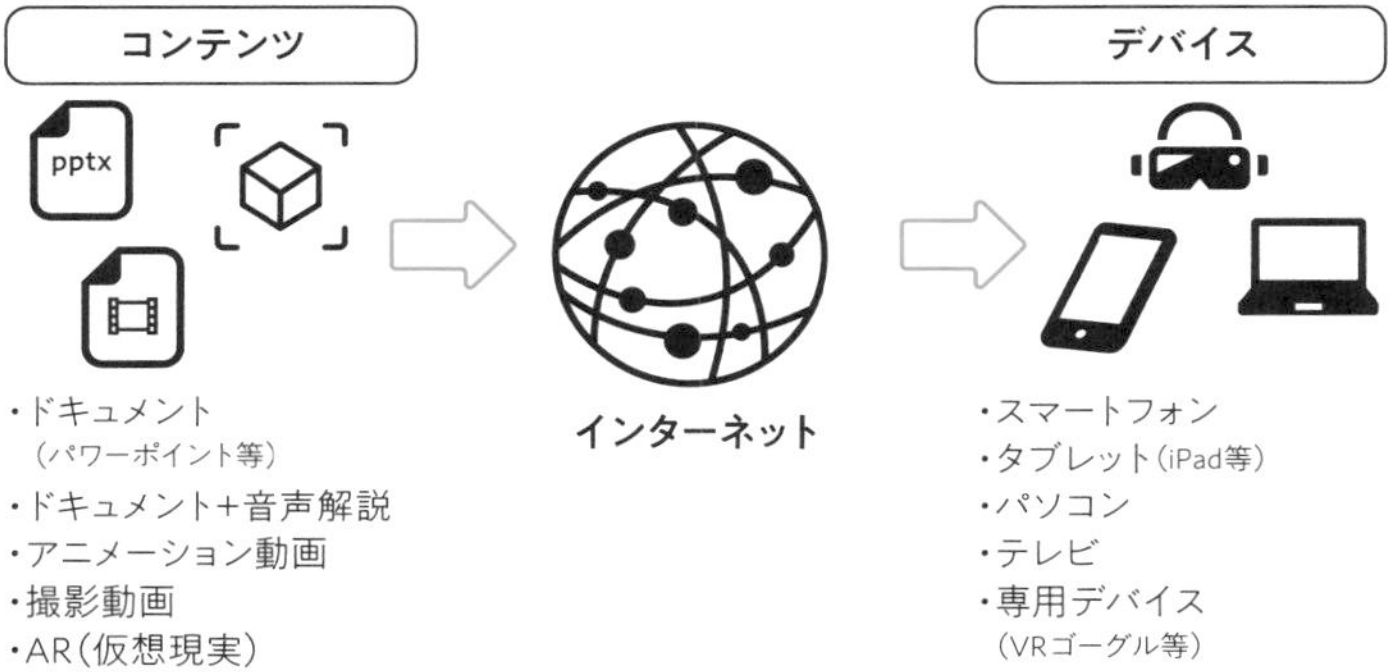

Eラーニングは、大人数に手軽に学習機会を提供できる

「Eラーニング」と一口に括ってしまうと概念がとても広いですが、大まかには、図10のようにコンテンツとデバイスの構成要素で整理できます。いずれにせよ「インターネットを介している」という点は共通です。

インターネットを介して広く提供できるため、一度に大人数に対して学習機会を提供できます。またCD-ROMなどの媒体にコンテンツを記録する必要がないため、手軽に受講環境を整えることもできます。

またオンライン研修との違いでいえば、クラスごとに研修会場や講師を確保する必要がないため、コストセービングが可能となることも特長のひとつです。

●あなたは、どうやって英語を勉強しますか？

クライアント企業の方から、「Ｅラーニングとオンライン研修、どちらのほうが適していますか？」という直球の質問をよくいただきます。もちろん研修の内容や受講者特性によって適性は変わってきますので、一概には答えられません。内容による違いは後ほど述べますので、ここでは特に受講者特性による違いについて触れたいと思います。

まず想像してもらいたいのですが、たとえば、皆さんが将来的に海外赴任を希望していて、英語を勉強したいけれど、何らかの事情で、対面での英語レッスンは難しいと考えているとします。そんなとき、皆さんはどのような学習方法を選択しますか？

選択肢のひとつとして、ネット上での手軽な動画視聴やメルマガ、ＴＯＥＩＣ®の学習などがあるでしょう。もしくは、オンラインでのマンツーマンレッスンや少〜中規模でのクラスレッスンなどもあるでしょう。前者はＥラーニング、後者はオンライン研修に該当します。さて、皆さん自身はどちらを選択しますか？

●決定的な違いは「時間」の使い方

もしＥラーニングを選択して、インターネット上の動画や学習コンテンツで英語を学ぶことにしたとしましょう。あなたは自分の好きな時間に学習することができます。特に最近では動画の再生速度を調整できるものも多いので、学習スピードも自分に合わせられます。また、聞き逃したり理解できなかったりしたら戻って見直すことができるのも利点です。

一方で、学習ペースはおおよそ受講者自身に委ねられているため、計画的に進めないと、気がついたらカリキュラムが全然進んでいない……といったことが起こりがちです。もっとも、最近のEラーニングで使われているLMS（学習管理システム）の多くは受講状況進捗が可視化されており、事務局側には皆さんの進捗状況が見られていると思っておいたほうがいいでしょう。

オンライン研修を選択した場合は、×月×日×時〜というように受講日時が設定され、講師とともに学習を進めていきます。その場で講師に質問をして理解を深めたり、他の受講者とのディスカッションを通じて自分の課題に気づいたり、受講者同士の親睦を深めやすいのは大きな利点です。一方で、時間は固定されますし、マンツーマンでもないかぎり講師は自分だけを観るわけではないので、スピード感も全体最適に従って進行されます。

もうお分かりかと思いますが、**Eラーニングとオンライン研修の大きな違いは「時**

間の使い方」にあります。自分のペースで計画的に学びたい・学べるという方にはEラーニングも有効な学習方法といえます。一方で、課題をため込みがちな方は、もしかするとEラーニングは不向きかもしれません。

正直にいうと、筆者自身は子どもの頃から夏休みの宿題を溜め込んで最後にやり切るタイプだったので、Eラーニングよりはリアルタイムで講師と向き合って学習するオンライン研修のほうが自分に合っていると感じています。

図11 Eラーニング（主に動画）とオンライン研修の違い

		Eラーニング（主に動画）	オンライン研修
特徴		時間も場所も自由に 各自のペースで受講できる	動画と集合型の良いとこ取り！ 効率的・効果的に受講できる
メリット	受講者	・聞き逃したところは何度でも確認できる ・自分のペースで学べる（タイミング、速度）	・講師や受講者間で双方向のコミュニケーションを取り、学びを深められる ・その場で疑問を解消できる
	事務局	・運営の負担が少ない（動画URLの一斉配信等） ・（システムによっては）受講状況を個別に把握できる ・一時的なネットワーク不調の影響を受けづらい	・集合研修の内容を比較的そのまま再現しやすい ・受講者の様子をリアルタイムで把握できる ・途中経過を見ながら微妙な軌道修正ができる
デメリット	受講者	・タイムリーな反応がなく、成果実感を把握しづらい ・長時間、多数続くと飽きやすい	・回線環境によっては接続に時間がかかったり、途中で途切れたりする
	事務局	・学習の効果を把握しづらい ・受講者へのリマインド、未受講者のフォローなどの対応が必要になる	・運営方法を事前に周知・徹底する必要がある ・回線が落ちた受講者などの突発対応が必要になる
推奨環境		・LMS（学習管理システム）でのオンライン配信・動画はダウンロード不可にする（著作権保護のため） ・視聴者が再生速度を調整できるものが好ましい	・Zoom、TEAMS、Webexなどの会議システム ・グループワークがフレキシブルに行えるもの ・お互いの顔が見えるものが好ましい

5

ウェビナーとオンライン研修の違い

●インタラクティブさがもたらすもの

研修運営において「インタラクティブさ」は重要なファクターです。人はアウトプットを繰り返すことで知識を定着させますから、研修の場で質問をしたり、発言をしたりすることは学習効果に直結してくるといっても過言ではありません。

オンライン研修の場合はチャットに意見や考えを書き込んだり、直接講師に質問をしたり、受講者同士でディスカッションをしたりと、インタラクションを多く取り入れるものが多いでしょう。

●トップダウンで伝えたいときはウェビナー

一方で、インタラクションがほぼ行われないワンウェイ（一方通行）のオンラインセミナーも、もちろん多数あります。昨今ではウェブセミナー、略して**ウェビナー**

（Webinar）という言葉がよく使われています。インタラクションが〝ほぼ〟行われないとは書きましたが、チャットでの一問一答や、最後にQ&Aタイムが設けられているケースも多いので、必ずしもゼロということはありません。

ウェビナーの多くは、必要最低限の伝達事項・知識に絞って、短時間で大勢の方に伝える目的で使われています。企業であれば年初の社長メッセージや、30分〜2時間程度の講演会などが挙げられるでしょう。ある種トップダウンで、伝えたいことを伝えるときには適しています。

●ワンウェイなら動画でもいい？

「一方通行のトップダウン形式なら、ウェビナーでなくても動画配信でいいのでは？」そう思われる方もいるかもしれません。ただ、ウェビナーと動画配信では「そのとき、その瞬間を共有しているかどうか」という点で、大きな違いがあります。

最近のマーケティング用語に**「トキ消費」**という言葉がありますが、これは「同じ時間・空間を共有することに対してお金を払う」という消費者心理を指します。特にZ世代といわれる1990年代後半〜2010年代序盤生まれの世代に多い傾向です。実際、リアルタイムで話を聴くのと、後から動画で（しかも一人で）聞くのとでは、没入感やその後のコミットメントの意識にも大きな差が出てくるでしょう。

●ウェビナーできっかけづくり&動機づけを、オンライン研修で学習の定着化を

このように、ワンウェイのウェビナーは「リアルタイム且つトップダウンで、大人数に対して必要最低限のことを伝える」というシーンで活用されます。これはたとえば、企業や組織の変革期に、みんなに問題意識や知識を効率よく共有するためには適していることでしょう。

一方で、その後の「じゃあ具体的にどうやるの?」という実行段階では、ボトムアップで意見を吸い上げながら腹落ちさせ、組織一丸となって進んでいく必要がありますから、インタラクションが必要になってきます。したがって、問題意識の醸成など「きっかけづくり」にはウェビナーを、その後の具体的な知識・意識の定着化〜実行には「オンライン研修」を、というように、**目的や組織変革のフェーズごとに使い分ける**といいでしょう。

ワンウェイのウェビナーとインタラクティブなオンライン研修は、0か100か、あるいは表裏の関係ではないので、目的や状況に合わせて柔軟に組み合わせることが肝心です。本項の図表も参考にして、研修プログラムを設計してみてください。

図12 ウェビナー（ワンウェイ）と
オンライン研修（インタラクティブ）の違い

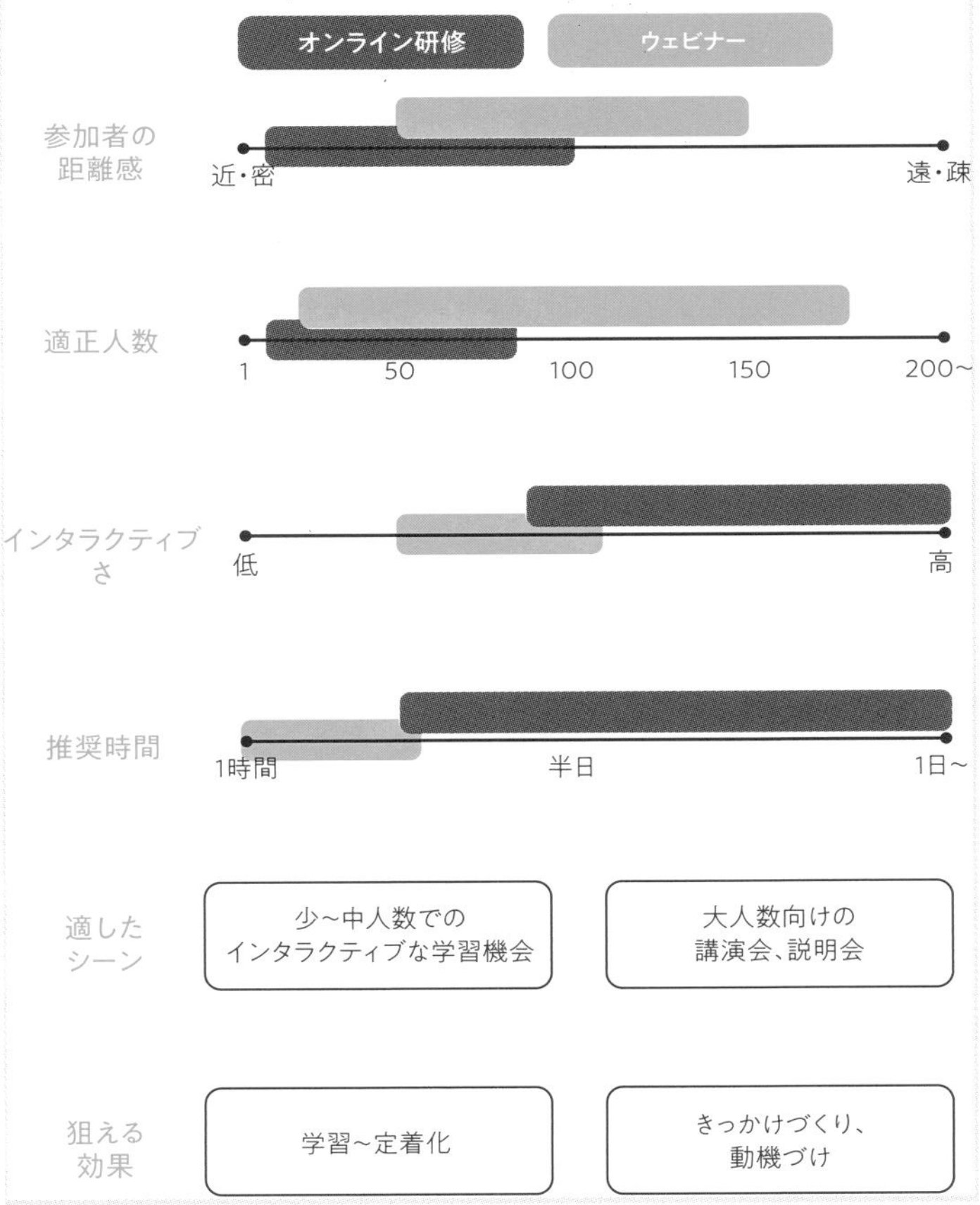

6

オンラインに向く研修、向かない研修

オンライン研修は万能ではない

本書の目的は、オンライン研修のメリットや運営ノウハウなどを皆さんに提供することです。しかし、オンライン研修がすべての学びに対して万能に働くとは、もちろん考えていません。向き不向きがあります。それらを押さえながら研修を設計していくことが肝心です。ここでは、具体的にどういう研修が向いていて、どういう研修が向かないのかを、いくつかの軸で紹介していきます。

「研修の狙い」軸①——アウトプット中心かインプット中心か

前項でも述べたように、知識の定着化にはアウトプットの機会提供が欠かせません。一方で受講者にアウトプットをさせるためにはそれなりの時間を確保しなければなりませんし、人数が多くなればなるほど一人ひとりのアウトプットや講師とのインタラクションの機会も限られてきます。

ですので、短時間・大人数でのウェビナーなどは、アウトプット中心の設計には不向きです。受講者からのアウトプットを促し、知識の定着化を図るためにはオンライン研修のほうが適しているでしょう。

一方で、まずはある程度トップダウンで問題意識や知識、情報伝達を行い、一定のインプットのみで問題ない場合はウェビナーが効率的です。

●「研修の狙い」軸②――個人のスキル開発か組織開発か

「そもそも研修は個人のスキル開発が目的でしょう？」「組織開発って？」と思われる方もいるでしょうから、少し説明をします。確かに研修の大目的は「学び」ですが、これまで集合型の研修を数多く、毎日のように行ってきた私たちからすれば、研修の目的は単なる「学び」に留まりません。たとえば研修の合間にする雑談や、初めて会う方同士のチームビルディング、研修後の懇親会など、「人脈形成」を目的として集合研修を実施される企業も多くいます。そうした人脈形成や、組織としてのチームビルディング、一体感を醸成することを、ここでは「組織開発」と表しています。

あくまで「個人のスキル開発」が主目的であるなら、オンライン研修でも十分に学習効果、知識の定着化は図れます。一方で、人脈形成や集合知の形成、組織の課題共有などの「組織開発」も図りたい場合は集合型のほうがよいでしょう。オンライン上ではちょっとした隙間時間の雑談がしづらかったり、相手の顔しか見えないため身体的な特徴を捉えて記憶しづらかったりします。

●「習得方法」軸——言語・画像で学ぶか、五感で体感して学ぶか

人は五感を通じて世の中の物事を認知しています。一般的な集合型のビジネススキル研修ではプロジェクターやホワイトボードを活用し、文字や図表・画像を見せながら講師が説明をしますので、使われている感覚器官は主に視覚と聴覚です。オンライン研修でも資料の共有や講師からの説明はもちろんありますから、これらの代替は十分に可能です。

一方で、ワークショップ型の体験学習や、実際にモノを触ったり試食したりしながら進めるような研修では、触覚や味覚、嗅覚といった感覚器官もフル活用しながら学びを得ていきます。現時点での技術では、こうした感覚をオンライン上で得ることは難しいのが実情です。

最近、大学時代の友人とオンライン呑み会をしていたときに、ある友人がワインの

図13 オンラインに向く研修、向かない研修

① 研修の狙い

② 習得スキル×習得方法

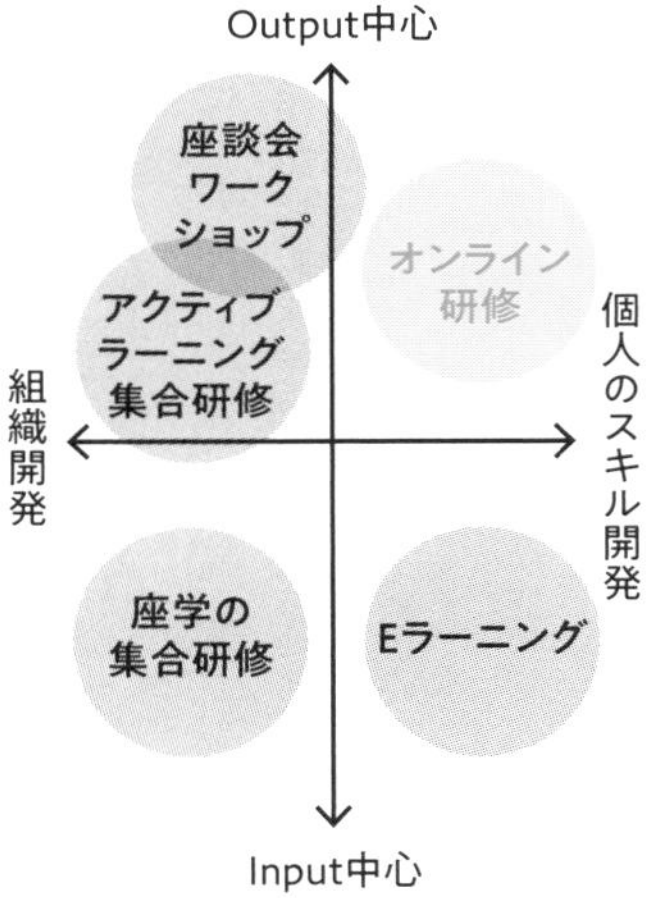

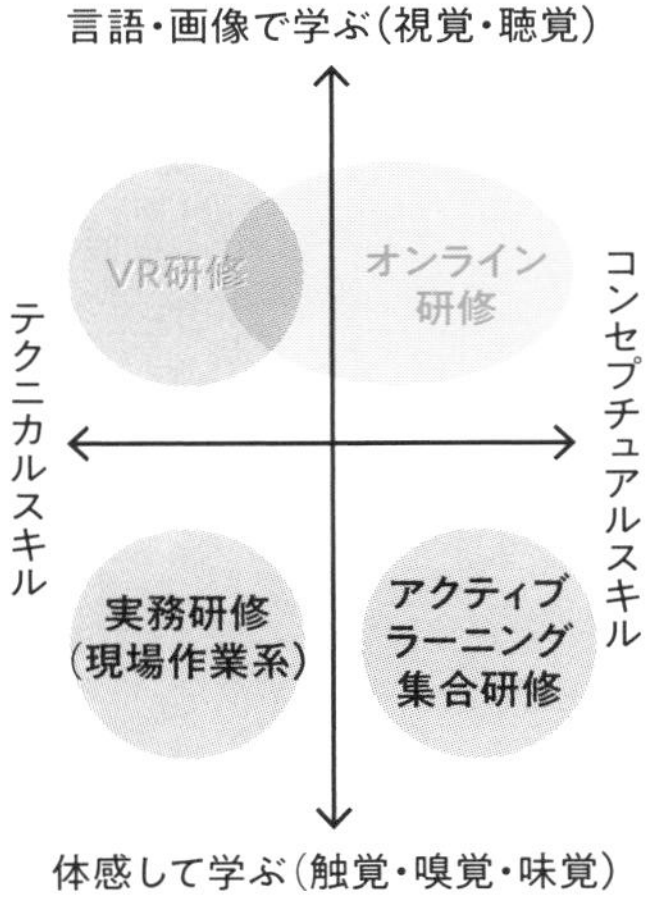

オンラインに向く研修

- ロジカルシンキング
- 文書作成、コミュニケーションスキル
- リーダーシップ、マネジメント
- 少人数での企画立案
- 1on1、コーチング、カウンセリング

オンラインに向かない研修

- チームビルディング
- 昇格・昇給アセスメント
- 知識習得・周知（法務、社内規則など）
- 現場作業習得（接客、設備操作、調理など）
- スポーツ、エクササイズ、ワインの試飲会

レッスンを受けていると言うので、オンラインではどうなっているのか聞いてみました。オンラインではまったく同じ状態のワインをテイスティングすることは難しいので、最近はワインの知識を中心としたレッスンになっている、とのことでした。

ビジネススキル研修でテイスティングを行うケースはあまりないかもしれませんが、いずれにせよ、言語・画像などの聴覚・視覚情報で事足りるならばオンライン研修で、それ以外の触覚・味覚・嗅覚が必須なのであれば集合研修が適切でしょう。

●「習得スキル」軸——コンセプチュアルスキルかテクニカルスキルか

アメリカの経済学者ロバート・カッツ氏が提唱した「カッツモデル」という理論があります。これは、管理職に求められるスキルを、業務遂行に必要な**「テクニカルスキル」**、メンバー個人や関係性の管理に必要な**「ヒューマンスキル」**、物事を概念化したり、本質を捉えたりするために必要な**「コンセプチュアルスキル」**に整理し、階層によって求められる各スキルの割合を表したものです。

テクニカルスキルがより現場の業務に直結したもの、ヒューマンスキルがコミュニケーションやリーダーシップ等の対人面で活用するもの、コンセプチュアルスキルが組織ビジョンや戦略立案などより抽象度の高いものと考えると、コンセプチュアルス

図14 カッツモデル
（職務毎に異なるスキルバランス）

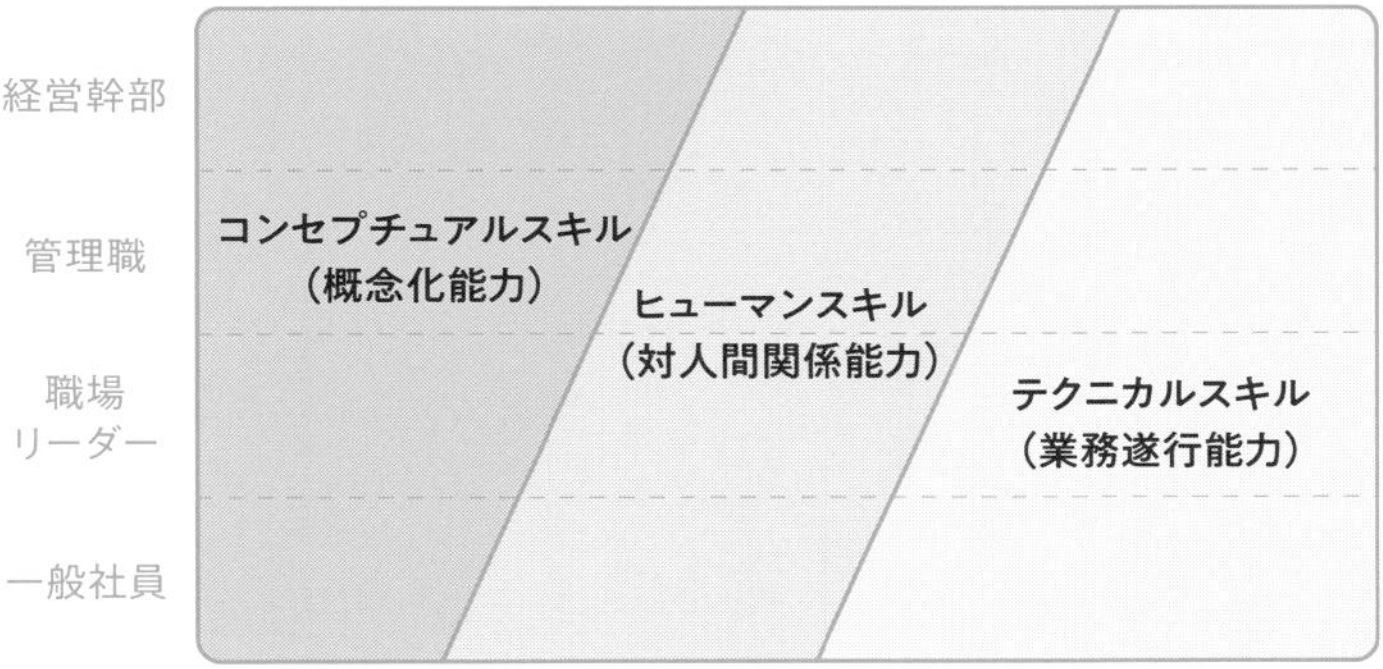

キルやヒューマンスキルのほうがオンライン研修での学習に適しています。なぜならば、これら2つのほうが概念化・理論化しやすく、汎用的に学ぶことができるからです。

一方でテクニカルスキルは（内容にもよりますが）現場・現物・現象の〝三現〟を押さえたうえで個別具体的な学習設計をする必要があります。場合によっては三現を共有しながら学ぶことが必要ですが、オンラインでの共有が難しい場合はリアルの場で学ぶ必要が出てくるでしょう。

ただしその場合でも、たとえば基本的な理論学習はオンラインで、現場視察はリアルでと、棲み分けをして設計することは可能です。

7

オンライン研修の魅力

●〝オンラインよりやっぱり集合〟なのか？

あらためてオンライン研修の魅力について考えてみましょう。オンライン研修の企画をされている人事担当者でも、「本当は集合のほうがいいですよね」「集合にしたいけどやむを得ずオンラインにする」とおっしゃる方が少なくないという話は、先にも書きました。

私たち研修に登壇する者も、対面でコミュニケーションをとりながら学ぶことの大切さや「場」の価値は日頃から認識しており、オンライン研修は集合研修に比べると同じような価値発揮は難しいと、当然のように思い込んでいました。

ところが、オンライン研修を多数経験すると、オンライン研修ならではの「魅力」に気づくようになったのです。ここからは、あえてオンライン研修が集合研修よりも優れている点に焦点を当てたいと思います。

なお、米国の教育省が出している「オンライン学習におけるエビデンスベースの実践評価」という報告書では、**対面での学習者よりオンラインでの学習者のほうが結果として良いパフォーマンスを挙げている**という研究結果になっています。[6]

●ハード面での魅力

オンラインの魅力は、大きくハード面とソフト面に大別されます。ハード面というのは、研修の「場」の設定における物理的なもの、たとえば、会場や設備などです。ソフト面は、研修の「場」をつくる運営や進行、など無形のものを指します。

ハード面での魅力は、物理的な環境が不要で、コストを抑えられること。オンライン研修であれば必要なのはパソコンなどの機材とネットワークのみ。当然ながら、研修会場費用、遠方参加者の交通費や宿泊費なども発生しません。事務局側のこうしたメリットだけでなく、受講者からしても移動時間やコストの節約になり、研修を受講

6 Evaluation of Evidence-Based Practices in Online Learning:A Meta-Analysis and Review of Online Learning Studies (2010)
https://www2.ed.gov/rschstat/eval/tech/evidence-based-practices/finalreport.pdf

しやすくなる魅力があります。（詳しくは94ページ「コストをセーブできる」に述べます）

●ソフト面での魅力

オンラインの魅力は、ハード面以上に、ソフト面にあります。集合研修に比べて非言語的な情報（仕草、目線、空気感など）が読み取りづらい分、そうした場の空気に支配されずに運営することができます。

オンライン会議システムでは、同時に発言できる人は一人に限られてしまうので、自然と発言を短くシンプルにしようという意識が働きます。また、存在感のあるリーダー格タイプの意見に左右されずにクラス全体でフラットな関係性を築けます。集合研修とオンラインでは、コミュニケーションのスタイルが変化するのです。（詳しくは、80ページ「フラットな関係性を構築できる」、84ページ「オンラインのほうが意見が出る!?」をご参照ください）

グループワークでも、空気読みや忖度が減り、受講者は提示されたゴールに向かうことに集中し、グループ内で率直なコミュニケーションをとるようになりました。（詳しくは、70ページ「アウトプット志向が高まる」ほかをご参照ください）

次章では、こうしたオンライン研修ならではの魅力について詳しく見ていきます。

図15 集合型研修と比べたオンライン研修の魅力

		オンライン研修（インタラクティブ）	集合型研修
ソフト面	クラス運営	説明が端的になる フラットな人間関係になる、受講者間の濃淡がなくなる 質問が出やすい	発言が長引きやすい 声の大きい人、目立つキャラクターの存在感が強くなる 全体の前で質問しにくい
ソフト面	グループワーク運営	アウトプット志向になる クローズドで、距離感が近く率直な議論になる（“秘密の小部屋“感）	人間関係・空気が作用する（忖度が強くなる） オープンな中での議論になるので周囲を気にしやすい
ハード面		研修費以外のコストを抑えられる（会議室・旅費交通費、宿泊費等） 日程の組み方が柔軟になる	研修費以外のコストがかかる 出張や移動を加味した日程調整が必要

TIPS

どのシステムでも複数のツールを組み合わせ工夫して使うことで、双方向性を確保することが可能です!

使うシステム自体よりも、受講者のネットワーク環境のほうが重要。

	Cisco Webex Meetings(※以降 Webex Meetings)	Google Meet
	無料アカウントで充実した機能を利用可能。やや動作が重く、グループワークに事前準備や工夫が必要。	Teamsと同程度の機能を持ちつつ、画面の視認性はやや高い。無料期間経過後は有料アカウントが前提。
	○ 設定可能	— 設定不可
	△ 会議参加後にミーティングをロックすると有効化	◎ 事前設定により設置可能(外部ユーザーは強制)
	○ あり	○ あり
	△ 会議URLを複数準備	△ 会議URLを複数準備
	◎ 会議中に作成可能、回答は選択式および記述式	— なし
	— なし	— なし
	○ 100人 ※Ciscoの会議システムとも連携可	○ 100人(Basicアカウント)
	○ 600~800MB/1時間	○ 600~800MB/1時間 ※低解像度選択時
	○ スマートフォン対応あり	○ スマートフォン対応あり
	○ 各種アプリケーション、音声、PC画面	○ 各種アプリケーション、音声、PC画面
	○ あり。受講者に書き込みを許可することも可能	— なし
	○ グリッドビュー:1画面25人まで	○ タイル表示:1画面16人まで
	◎ 無料アカウントでほぼ対応可	○ 2021/3月末までは無料アカウントでほぼ対応可。本来無料版は60分の時間制限あり。 ※有料版:680円/月~

(2020年9月末時点、弊社調べ)

図16 オンライン会議システムの比較

オンライン会議システム		Zoom	Microsoft Teams（※以降 Teams）	
特徴		グループワークに最適で通信も軽め。セキュリティ面も強化済。ただし、有料アカウントが前提。	シンプルな機能で操作は簡単。大人数での運営はやや事前準備や工夫が必要。	
セキュリティ	入室パスワード	○ 設定可能	— 設定不可	
	待機ルーム	○ 事前設定により設置可能	◎ 事前設定により設置可能（外部ユーザーは強制）	
インタラクション（双方向性）	チャット	○ あり。全体向けと個人向けの両方が可能	○ あり。チャット内容にコメント・リアクション可能	
	グループワーク	◎ Zoom内機能で実施可能	△ 会議URLを複数準備	
	アンケート・テスト	○ 事前の機能の有効化手続きと設問の設定が必要、回答は選択式のみ	— なし	
	リアクション機能	○ 挙手、拍手、Yes/No　他	○ いいね、顔文字、その他多数	
受講環境	参加可能人数	○ 100人（Proアカウント）	○ 250人	
	通信量（目安）	◎ 400〜500MB/1時間	○ 600〜800MB／1時間	
	スマートフォン対応	○ スマートフォン対応あり	○ スマートフォン対応あり	
講師環境	画面共有機能	○ 各種アプリケーション、音声、PC画面	○ 各種アプリケーション、音声、PC画面	
	ホワイトボード機能	○ あり。受講者に書き込みを許可することも可能	○ あり。受講者に書き込みを許可することも可能	
	参加者画面の表示	○ ギャラリービュー：1画面25人（スペック次第で49人）まで	△ 1画面4人まで（9人までにアップデート予定あり）	
制限事項	無料アカウントの制限	△ 40分の時間制限 ※有料版：2000円/月〜	△ 会議の事前予約不可 ※有料版：540円/月〜	

第2章

オンライン研修の魅力と課題

1

アウトプット志向が高まる オンライン研修の魅力①

●オンライン研修の意外な効果

先述のようにオンライン研修を導入する際、どうやって受講者に対面の研修と同様のアウトプットを出してもらうかについては、私たちも課題として捉えていました。オンライン空間では対面と比べて運営上の制約が増えるため、受講者もアウトプットを出しづらいのではと考えていたからです。

しかし、私たちにとっても少し意外でしたが、オンライン研修を繰り返していく中で、オンライン研修でも対面と同等か、もしくはそれ以上の質・量のアウトプットが受講者から出てくることが確認されました。

受講者のアウトプット志向が高まる要因について、分析してみましょう。

●アウトプット志向が高まる要因① 空気感に左右されない

研修は「生もの」といわれます。同じ内容の研修でも、参加者属性や周辺環境等によって「空気感」は毎回異なります。講師は、その「空気感」を見極め、空気が硬すぎればアイスブレイクを入れて場を和ませたり、逆に柔らかすぎれば少し厳しい発言をして引き締めたりして、受講者が質の高いアウトプットを出しやすい空気づくりに努めます。

集合型の研修では、この「空気感」による影響は良くも悪くも大きいでしょう。悪い影響としては、特に研修の前半において、人間関係を忖度してグループワークで発言を遠慮する、関係構築の雑談に時間がとられる、相手の意見に同調して深掘りができない、存在感がある声の大きい人の意見が採用される、といったことが起こります。

一方、オンライン研修では文字どおり空気を共有していないこともあって、「空気感」による影響は限定的です。個人の存在感や声の大きさの差は気にならなくなります。忖度の必要がなくなった分、アウトプットに集中することができます。議論は声の大きさではなくロジックをベースに進みます。

受講者からは、「対面だと全体の場で発言することは苦手だが、オンライン研修だと苦ではなかった」「チャット機能でテキストが使えるので、発信しやすかった」といった感想をよく聞きます。

●アウトプット志向が高まる要因② オンライン研修は集中しやすい

集合型の研修では、身体的特徴などで存在感のある人や、発言回数の多い人に注目が集まりがちです。逆にいうと、目立たないようにしていれば、周りからあまり注目を集めることもありません。

一方、オンライン研修では、画面は全員が等しい大きさで、顔が表示されます。ここで一人がよそ見をしたり、下を向いていたりしていると、とても目立ちます。注目度が特定の個人に偏ることなく、全体で均等化される傾向にあります。受講者は常に見られている意識がある（場合によっては録画されている）ため、緊張感を保ちやすくなります。

また、受講環境の遮断性も、緊張感を高めることになっております。集合型の研修では、窓の外や教室外のことに気をとられることもありますが、オンライン研修は基本的には外部とは遮断され、パソコンの画面に向き合い続けるものです。自分の心理面に影響を与える変数が少なく、研修コンテンツに集中しやすい環境です。（その分、消耗も激しくなります）

とはいえ、オンラインでは内職しやすいのも事実です。常にいつ質問されるかわからないという環境をつくることも大切です。

●アウトプット志向が高まる要因③　制約がかえって奏功する

オンライン研修のグループワークは、通常、ＺＯＯＭのブレイクアウトセッションのような、グループ個別のバーチャルな〝部屋〟の中で行われます。講師はすべてのグループを同時に見ることができず、グループワークの進行の大半は、グループメンバーに任されることになります。これがアウトプット志向を強めていると感じます。

集合型の研修ですと、すぐに講師を頼ったり、隣のグループの進捗に気をとられ議論に集中できなかったりしがちです。それが一概に悪いわけではありませんが、結果として、時間内にアウトプットをまとめられずに、甘えも生じやすく、講師に時間延長を求めることも多々あります。

一方、オンライン研修では、閉ざされた空間であるからこそ、外部要因を当てにせず、腹を据えて、自分たちの力でやり遂げる意識が高まっているように感じます。上述のとおり「空気感」に左右されないことも、短時間で効率的にアウトプットを生み出すことにつながっています。

図17 オンライン研修とアウトプット志向

	オンライン研修の特徴	その結果
空気感	人間関係や雰囲気による影響が弱く、フラットな関係性を築きやすい	過度な忖度をすることなく、自分の意見を発信しやすい
個人への注目度	存在感の大きい個人に注目度が偏らず、参加者全員がより均等に注目される	常に見られている意識があるので、緊張感を保ちやすい
遮断性	クローズな環境であり、周囲の情報を遮断できる	変数が少なく、研修コンテンツに集中できる
グループワーク	講師がすべてのグループワークの状況を把握できないため、柔軟な運用が難しい	決められた時間内に成果を出す意識が高まる

アウトプット志向が高まる

オンライン研修の特徴は、アウトプット志向を挽き出す!

2

効果的なグループワークができる オンライン研修の魅力②

●意外？ 集合型研修と同様にグループワークは可能

「オンライン研修では、グループワークやペア&トリオでバズトーク（感想や意見を言い合うセッション）などできないだろう」と思われるかもしれませんが、そんなことはありません。そう言われると今度は、「ブレイクアウトセッション機能のことか。それはZOOMなど限られた会議システムだけのものだろう」とおっしゃるかもしれませんが、やはりそんなことはありません。

TEAMSやWebexミーティング、Google Meetなど、ほとんどの会議システムにおいて、工夫次第でグループワークは可能です。参加者同士が少人数（4～6人）で話し合える場がないと、研修は単調になってしまいます。ぜひ、集合型研修と同様に小部屋をつくって、少人数でグループ演習ができるように設計&運営しましょう。

●少人数ワーク用の会議室を複数準備しておく

ブレイクアウトセッション機能を使える会議システムの場合、部屋数や所要時間を設定して、参加者を自動的に部屋から部屋へ移動させることが可能です。また、グループAからグループBに特定の参加者を移動、または交換することもできます。

では、そうした機能がない会議システムの場合はどうするか？　この場合は、研修中に臨機応変にグループ編成を変えるといった運営は難しいです。しかし、研修実施前にあらかじめ、全体研修室とは別のグループワークルームを設定し、そのＵＲＬを各自に送っておけば、グループワークは可能となります。

集合型研修のときも、スムーズな進行のためにグループ編成を事前に決めておく場合が多いでしょう。グループ別の参加者リストを用意して、参加者に研修の案内を出す際に、グループ用の会議室の招待もしておくということです。

自動的に会議室に移動するのではないので、参加者の皆さんには研修スタート時に一度、グループワークルームに移動する練習を行うようにすると、その後の進行がスムーズにいきます。この段階でうまくいかない方については、しっかりフォローして安心していただきましょう。

また、ＺＯＯＭのブレイクアウトセッションを使う場合は、画面表示される自分

図18 秘密の小部屋のコミュニケーション

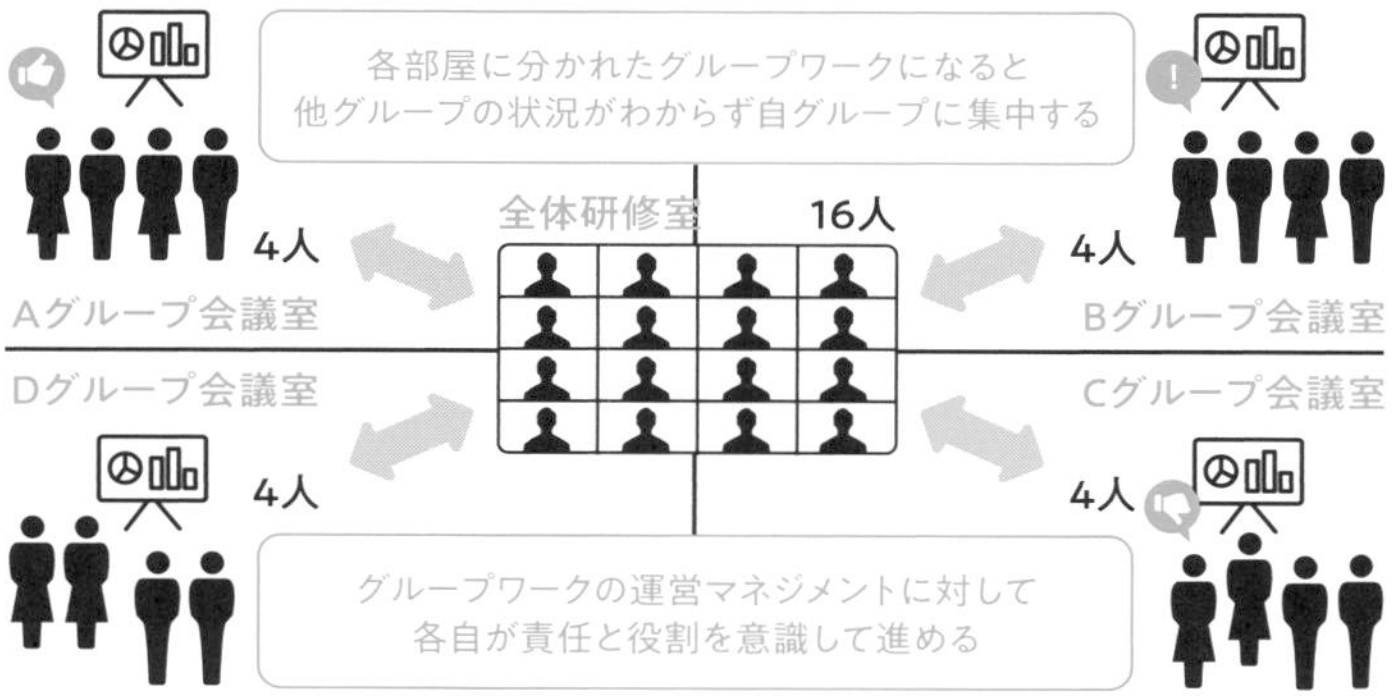

の名前の頭にABCDEのグループIDをつけていただくようにすると、グループ編成を変更したり発表者を指名するときにとても便利です。

●自主的に時間管理をしてもらう

グループワークで講師が注意すべきもうひとつのポイントは、時間管理です。講師側の時間設定で強制的に全体研修室へ戻ってくる機能がある場合は安心です。しかしそうでない会議システムの場合は、講師と参加者それぞれが、時間をしっかりと意識してアクションする必要があります。

「10分間のワークです。それでは10：35に戻ってきてください。タイムキーパーさんもよろしくお願いいたします。10：35ですよ！　書き留めてください」などと伝えて、自主的に全体研修室に戻ってきていただきます。講師や事務局はグループの会議室に参加できますから、帰ってこないグループの部屋に行って戻るように伝えることも可能です。

一方、講師側で時間設定できる会議システムの場合は、各自の画面上部に残り時間がカウントダウンされ、どんなに盛り上がっていても強制的に戻されてしまいます。

●どのくらいの頻度のグループワークが効果的か

研修テーマや講師のスタイルにもよりますが、少なくとも1時間に一回、10分程度のグループ演習を入れることをお勧めします。戻ってきたところで各グループからの発表を行う場合、30分はかかります。あとの30分は講義中心としても、途中7～8分に一回は受講者に質問を投げかけ、双方向のコミュニケーションを心がけましょう。

演習内で何らかのアウトプットをしてもらうなどの理由で、グループワークに30～40分といった長めの時間をとるのもいいでしょう。その場合も、参加者同士でしっかりと役割を決めてタイムマネジメントしていただきます。

的確な演習テーマであれば、グループワークの時間は案外あっという間で、「もっと時間が欲しかった」となる場合もあるでしょう。参加者の集中が続く時間設定にこだわることが大切です。

●効果的なグループワークのためのポイント

グループワークは研修においてとても重要な時間です。しかし間違えて使うと、時間のムダでマイナス影響が起こります。せっかくのグループワークの効果を最大化するためには、次の2点が大事です。

①明確なインストラクション（→演習指示シート）
②成果物のイメージ共有（→ワークシート事前提供）

グループワークは、自主運営の時間となるので参加者はとても主体的になります。しかし一方、「何をするのか」が明確でないとモタモタした進め方になり、参加意欲も下がります。講師がいかにわかりやすくインストラクションするかがカギとなります。何事も曖昧にはせず、ステップバイステップで伝えるようにしましょう。インストラクションについては後ほど詳述します。

フラットな関係性が構築できるオンライン研修の魅力③

●画面の見え方は個人ごとに違う

オンライン研修の際にモニターに表示される画面は、大きく分けて次の2つです。

①スピーカービュー(発言者が画面に表示される)

②ギャラリービュー(受講者が画面に表示される)

スピーカービューは(全員がビデオ表示をオンに設定していることが前提ですが)話している人がアップになるため、発言者の話しぶりがよく見えます。しかし、発言者の入れ替わりが激しい場合、酔ってしまう人がいます。

逆にギャラリービューは(人数にもよりますが)受講者全員を表示させることができるため、全員の反応を見ながら進行することが可能となります。

なお、画面の設定は受講者が各自で行うため、講師側で変えることはできません。講師側でできることとしては、発言者に集中してほしいときはスピーカービューにしてもらう、受講者全体を意識しながら参加してほしいときはギャラリービューにしてもらう。そのアナウンスを研修の冒頭や途中に入れるといいでしょう。

●画面表示に上座は存在しない

オンライン研修やオンラインでの打ち合わせの際、「ギャラリービューで表示されている順番に上座はあるのか？」「上司だけ大きく表示するようにできないか？」という相談をごく稀に受けます。リアルの会議における上座や下座のマナーはありますが、オンラインでは基本的に上座は存在しないと考えてよいでしょう。ただし見やすさの観点からか、ＺＯＯＭでは２０２０年９月のアップデートから、参加者の表示順をホストが調整・変更できるようになりました。

とはいえ特段の設定がなければ、表示順も、受講者によって異なるようになっています。そのことを頭に入れておくといいでしょう。

●ギャラリービューを活用する

画面にはスピーカービューとギャラリービューがあることを先にお伝えしましたが、講師としてはギャラリービューの活用が有効です。なぜなら、ギャラリービューの場合、ビデオ表示をオンにしている参加者全員の視覚的情報を収集しながら進行できるからです。

集合型研修の場合、レクチャーする側は受講者の反応を確認して次の進行の判断をしますが、オンライン研修ではギャラリービューで受講者の表情、うなずき等の情報を確認しながら次の進行の判断をすることが可能となります。資料を投影しながら進めるとギャラリービューは見え難くなってしまいますが、PCを2台使用して、1台はギャラリービュー用とする、サブモニターを使用して投影とギャラリービューを分けるという方法が効果的です。

●オンラインだからこそフラットな関係で進行できる

ここまでお伝えしたように、オンラインの場では誰もがフラットな関係になります。

元MIT教授のダニエル・キム氏は、組織が継続的に結果を出し続けるためには、①関係の質、②思考の質、③行動の質、④結果の質の循環が大切であると提唱していま

図19 ダニエル・キム教授の「組織の成功循環モデル」

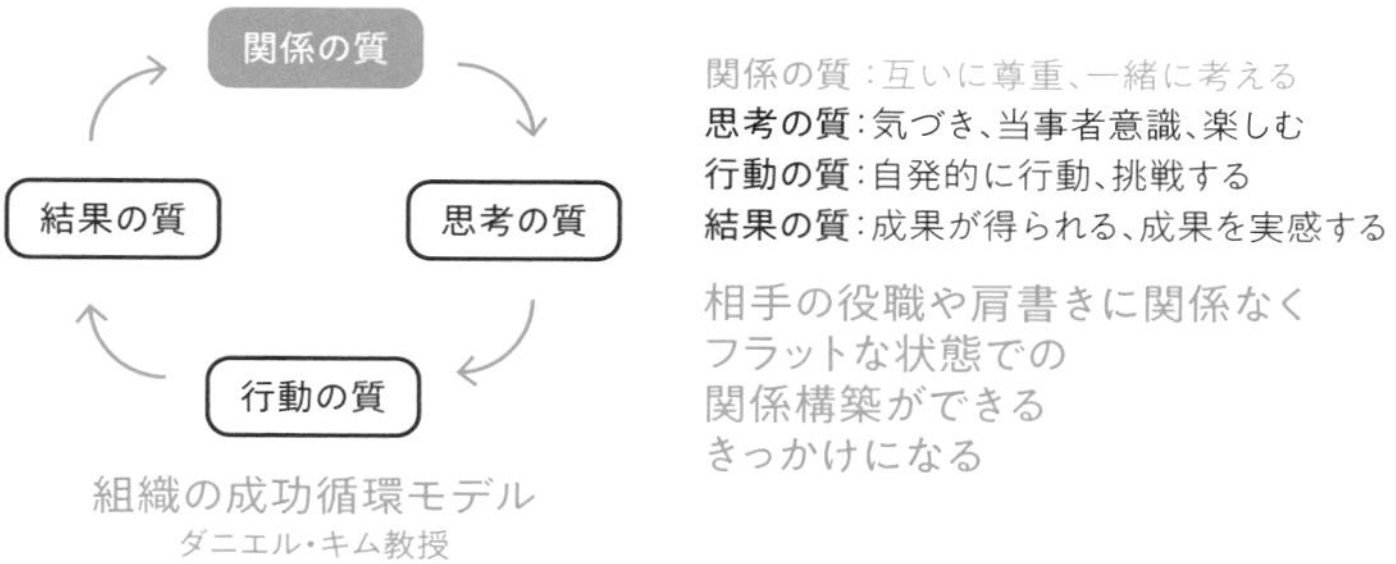
関係の質
思考の質
行動の質
結果の質
組織の成功循環モデル
ダニエル・キム教授
関係の質：互いに尊重、一緒に考える
思考の質：気づき、当事者意識、楽しむ
行動の質：自発的に行動、挑戦する
結果の質：成果が得られる、成果を実感する
相手の役職や肩書きに関係なく
フラットな状態での
関係構築ができる
きっかけになる

す（組織の成功循環モデル）。

オンライン研修においても、研修の結果を上げるためには「関係の質」を高めることが重要となります。関係の質が第一にあり、互いに尊重し合い、一緒に考える状態であれば、思考、行動、結果も良いものになります。オンライン研修では上座、下座が存在しないため、全員がフラットで参加できるというメリットがあります。そのため、受講者も肩書等に関係なく、全員で考え、自発的に学びながら結果につなげるきっかけとすることで、より効果的な運営が可能となります。

4

オンラインのほうが意見が出る!?
オンライン研修の魅力④

●オンライン研修ってちゃんと意見が出るの?

「オンライン研修って、なんだかハードルが高くて意見が出にくそう」。そんなふうに考えてしまう人は意外と多いようです。私たちも最初はそのように考えていました。ところが研修を始めてみると、オンラインでもリアルと同じくらい意見が出てくることがわかりました。そのカギは**「チャット」**と**「マンツーマン感」**にあるようです。

●オンライン研修のキモ――チャット機能

集合型研修で「意見が出る」とはすなわち、「受講者がどんどん手を上げて活発に発言する」ことですが、オンライン研修での「意見が出る」は、それとは少し違います。

オンライン研修内で実際に発言しようと思っても、講師や他の受講者の動きが十分に見えず、またアイコンタクトをとるのも難しいために、口を開いたはいいが他の人とタイミングが被ってしまう――「オンラインあるある」です。ここで活躍するのが「チャット機能」です。

チャット機能を活用することの最大の利点は、「発言をシステム上に貯めておける」ことにあります。リアル研修であれば、受講者からの質問は口頭で講師に直接伝え、それに講師がその場で回答する、という形式になります。この時、講師は常に「一問一答」で対応しなくてはいけない状態になります。

一方でオンライン研修においては、複数の受講者が「同時に」チャット経由で質問をすることができ、かつ質問をシステム上に「蓄積」しておくことができます。これにより、受講者の「質問したいけれど、進行に影響あるからやめておこう」という心理的な制約が外れやすくなり、リアル研修では消えていたかもしれない質問やコメントが生きて講師まで届くようになるのです。

オンライン研修の質を左右する――サブ講師

このように想像よりもたくさんの質問やコメントが出てくることは、研修の運営側からしてみれば、大変嬉しいことです。

一方で、講師一人で講義を進めながら、質問にも漏れなく回答していくことは、正直かなり大変です。私たちが担当している大学の講義などでは、150人を超える受講者が一斉に質問やコメントをしてくれることもありますが、その量たるや、チャット画面が一瞬フリーズしてしまうほどです。そんなときに価値を発揮してくれるのが、「サブ講師」の存在です。

「サブ講師」とは、研修テーマに関してメイン講師と同程度の知見を持ち、講義受講者へのアドバイスやフィードバックを行うメイン講師の右腕的存在、もう一人の講師のことです。集合型研修においても、大規模・長時間のディスカッションを中心とした研修ではサポート役として参加することもあります。オンライン研修においては、集合型研修と比べて、「サブ講師」の存在が、何倍も重要になってくるのです。

●サブ講師の役割

オンライン研修におけるサブ講師の役割は、大きく分けて3つあります。

①講義を担当するメイン講師の運営サポート

オンライン会議システムの操作を担当し、メイン講師の円滑な研修運営をサポート

②グループディスカッション時のファシリテーション

メイン講師と同様に、グループディスカッションへ参加し、議論の活性化につながる質問やアドバイスの実施

③受講者の質問への回答やアドバイス

システム上に蓄積された受講者の質問に対する回答、メイン講義の内容に対する補足説明や事例紹介など

このうち特に重要となってくるのが③です。先ほど述べたとおり、メイン講師一人ですべての質問に対して回答していくことは難しいため、サブ講師が質問に対応していきます。特に、全体の学びにつながりそうなものを中心にピックアップし、チャット機能を活用してメイン講義の「副音声」として、どんどんコメントを返していきます。

たとえば、質問に関連する書籍や企業の取組事例、理論の紹介などを行っておくと、他の受講者も含めて、後からそれらをチェックできるのでオススメです。

そのため、サブ講師には、メイン講師と同じくらい講義内容を理解し、フィードバックできるだけの実力が求められることになります。

●オンラインなのにマンツーマン？

また、意外に感じられるかもしれませんが、オンライン研修では講師と受講者の間に「マンツーマン」の関係が生まれやすくなります。

感覚として近いのが、マンツーマンの英会話教室です。近年では当たり前のようにマンツーマンで行われていますが、これももともとは「マンツーマンの方が講師に対して自分のペースで好きに質問やコメントが投げかけられる」というところから始まったサービスです。

集合型研修ではどうしても講師と受講者の関係は「1対n（多数）」とならざるを得ません。もちろん、受講者同士の関係性がつくりやすい、というメリットはありますが、どうしても質問をするときに周りの目が気になり、人によっては質問しづらいということが起こります。

これがオンライン研修になると、基本的に自分の周りには他の受講者はおらず、画面の向こうでも自分に語りかけてくるのは講師だけです。つまり、疑似的にマンツーマンの状態が発生していることになります。そのため、周りの目やタイミングを気にすることなく、チャットを通じて気軽に質問を投げかけることができるようになるのです。

図20 オンラインのほうが意見が出る!?

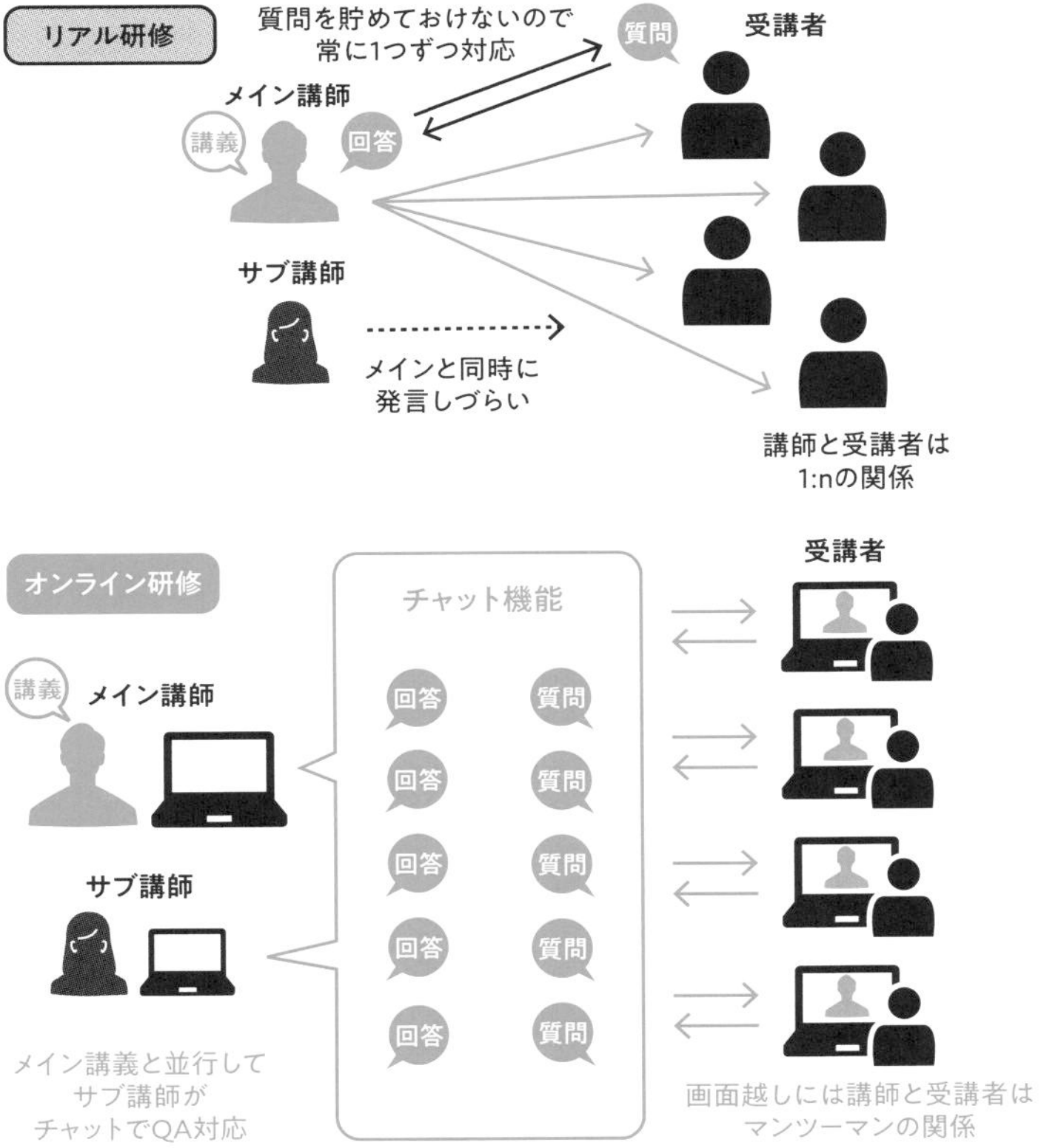

オンライン研修はチャット機能を活用した“副音声”運営、
受講者の“マンツーマン”感の向上によって、意見が出やすい!

5

フォロー研修を行いやすい

オンライン研修の魅力⑤

●オンライン研修で「フォロー研修」がやりやすくなる

研修で学んだことをいかにして現場の実践につなげて、定着化させるか。これまでの集合型研修における永遠の課題であったといっても過言ではないでしょう。

せっかくのお金や時間をかけて受けた研修が「やりっ放し」で終わっては、本当にもったいないです。「アンケートを複数回とることでリマインドする」「職場の上司を巻き込みながらＯＪＴにつなげる」など、皆さんさまざまな工夫をされていることと思います。しかし、対面型の研修の場合、一定期間を置いて「もう一度研修を実施する」ことをやれているケースはまだまだ多くありません。いわゆる「フォロー研修」です。

費用面で予算が確保できない。もちろんそれもあるでしょう。しかしそれ以上に、「遠方から何度も研修に足を運んでもらうのが申し訳ない」「部下が何度も研修に呼びだされることに上司がいい顔をしない」といった声を耳にします。確かに、もし受講者が海外勤務スタッフで、研修開催地が日本国内である場合などは、往復の時間や費用、体力的負担などを考えてフォロー研修の実施をためらうこともあったでしょう。

しかしそうした障壁は、オンライン研修においては一定クリアすることは可能です。もちろん、費用の問題や時差の問題などもありますが、今まで以上に「必要なタイミングで」「必要な人たちに」「必要な内容の研修」を実施しやすくなることは、オンライン研修のひとつの大きなメリットであることは間違いないでしょう。

●現場において経験学習サイクルを廻す

図21をご覧ください。これは「経験学習サイクル（モデル）」と呼ばれるもので、デービッド・コルブという組織行動学者が開発をしたものです。

この経験学習サイクルとは、**①経験→②内省→③概念化→④実践**という流れであり、私どもＨＲインスティテュートのスキル研修「ノウハウ・ドゥハウ」シリーズは、この流れを意識し、講義と演習を繰り返しながら学んでいく研修の設計になっています。

しかし、集合型研修の「研修会場」でこのサイクルを回した後に、職場でこのサイクルを回せていないケースがとても多いのです。

研修での学びをさらに広く深いものとして腹落ちするためには、この経験学習サイクルを「研修の場」と「現場」の双方で回し、融合させていくことが重要です。

現場で上司やメンターを巻き込んで研修のフォローをしているケースでは「①(現場での)経験」→「②内省」まではつなげることができても、「③概念化」まで昇華させることができていないケースが多いのではないでしょうか。

オンライン研修は、これまでのオフライン研修よりも「フォロー研修」の実施に対する壁は低くなるのではないかと思います。是非、研修で学んだことを現場実践と定着に橋渡しするために、「オンライン・フォロー研修」を実施してみることをオススメします。その内容は、講義を通じて新たな「知識」を学ぶのではなく、現場実践における「成功事例」や「失敗事例」を持ち寄り、その生々しい教材を通じて質疑応答形式で今後のあるべき対応を考える。そんなスタイルが望ましいでしょう。オンライン・フォロー研修で、「知識」を「知恵」(=概念化)に変えていく。それこそが、現場での実践力の向上につながるのです。

図21 研修後、実践との橋渡しも
オンラインで実施できる

コルブの経験学習サイクル

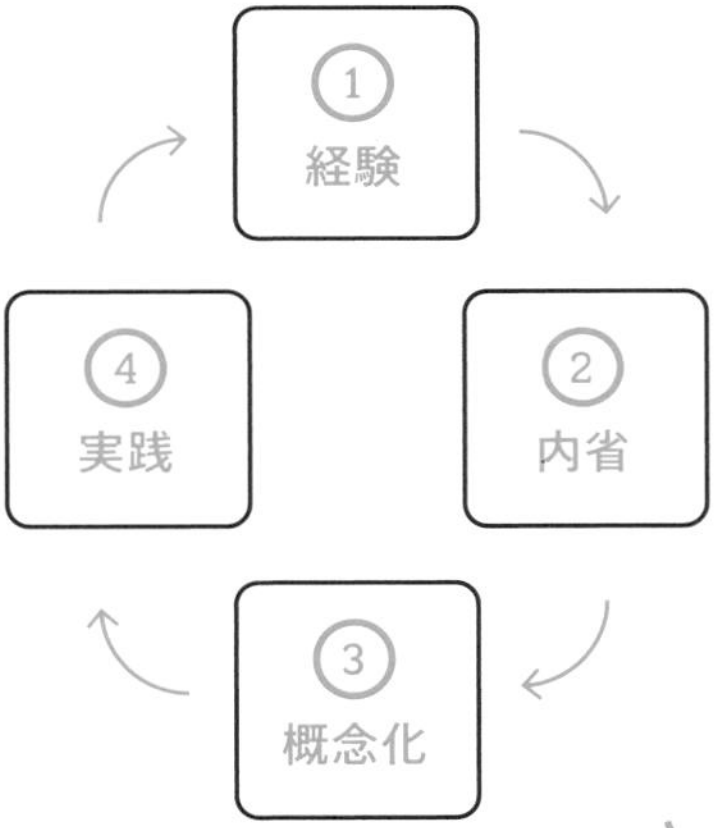

【今まで】
①②③④を研修で一度回しただけで終わり。

【これから】
①②③④を研修で回す。

＋

その後、職場での①をオンラインの個別相談会などで②の深化と③の進化につなげ、④の実践力を高める!

今までの集合型のオフライン研修では
このサイクルを1回転しか回せていなかった。
オンライン研修においてフォロー的に
「個別相談会」などを実施することで、
このサイクルを2回転以上回すことが可能になる。

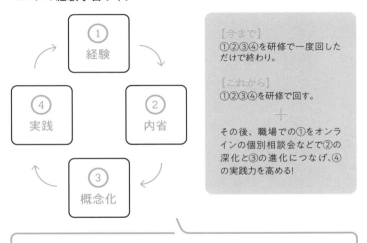

6

コストをセーブできる

オンライン研修の魅力⑥

●「で、結局オンライン研修って何が必要なの？」

私たちのクライアント企業の研修企画担当の方々が研修のオンライン化を検討される際によく出てくるのが、「で、結局オンライン研修って集合型研修と比べてコストはどうなの？」という話です。このあたり、オンライン研修を実際に運営している立場として、実際のところをお伝えしていきたいと思います。

ここでは、「コスト」というものを「研修運営に必要なリソース」と置き換えて、ヒト・モノ・カネの３つの視点から見ていきましょう。

●オンライン研修に必要なもの ～ヒト編～

まずひとつめはヒトに関する視点です。オンライン研修を構成するヒトは、「講師」「事務局」「受講者」の３者となります。

オンライン研修によるメリットとして大きいのが、「移動（時間）がなくなる」ことでしょう。実際に私たちの例を挙げると、午前中に名古屋で研修がある場合、これまでであればその日の午後に東京で研修を行う、というのはほぼ不可能でした。これがオンラインになることによって、「午前中は名古屋の大学でオンライン講義を行い、午後から東京で研修を行う」といったことが可能となりました。事務局・受講者側からすると、特に研修会場から遠隔地で働いている社員のスケジュール調整等が飛躍的にやりやすくなり、通常業務への影響も抑えられるようになります。

一方で、オンライン化することによって事務局の負担が増加するのは事実です。オンライン研修においては、事務局は単に研修がうまく進行しているかを見届けるだけではなく、研修運営（システムオペレーション）や意見が出やすくなるための場づくりなどにも積極的に参加していく必要があるため、これまでの集合型研修と比べて、より高い価値発揮が求められます。

●オンライン研修に必要なもの ～モノ編～

次に、モノに関する視点を見ていきましょう。こちらは大きく「会場」「機材」「コンテンツ」の3つに分けられます。

オンライン研修最大の特徴は、バーチャル空間で集合できること、すなわち場所にとらわれずに受講できることにあります。研修の運営事務局の皆さんが苦労される点に、会場の確保と日程の調整があります。これがオンラインになることで、会議室の空き状況を気にせず、単に人が集まれるかどうかだけで開催を決めることができ、事務局が前日や研修当日の朝早くから会場設営に労力を割く必要がなくなります。

一方、オンライン研修最大の壁は、「安定した通信環境の確保」と「受講者が参加するデバイス（PC・タブレット等）の用意」です。前者は特に講師・事務局にとって重要なポイントで、基本的には有線でのネット接続を推奨します。実際に2・5ギガヘルツの無線環境を利用していると、他の機器（電子レンジも！）からの干渉を受け、接続が不安定になるシーンが多々見られます。ほとんどの企業で無線での通信環境は整備されているかと思いますが、今一度有線接続での環境をチェックしてみてください。後者のデバイスの用意については、企業によって対応状況はまちまちです。営業担当者に配布しているタブレット端末から参加される方がよくいらっしゃいますが、チャットの入力のしやすさや画面の視認性、機能制限等の観点から、できるかぎりPCで参加されたほうがよいでしょう。

コンテンツについては、オンラインでもリアルでもさほど大きくは変わりません。

内容というよりは、演習の設計や資料の見せ方などを工夫し、より「明確かつ簡潔に」伝えることが大切です。

●オンライン研修に必要なもの ～カネ編～

最後はカネの観点です。必要最低限のインフラが整っていれば、オンライン研修のほうがコスト削減されるケースが多いです。

先ほどもあったとおり、オンライン研修では人の移動に伴う交通費・宿泊費や、会場費などはかかりません。特に遠隔地から対象者を一カ所に集めてくる必要がある階層研修などにおいては、このコスト削減は大きな効果となります。

もちろん、オンライン研修を実施するだけの必要最低限のインフラを整える必要はあります。通信環境、接続デバイス、オンライン会議システムの導入などがそれにあたりますが、これらは何もオンライン研修をやるためだけに導入するものではありません。このニューノーマルの環境下、社員の安全と効率的な働き方を推進するという目的とセットで導入し、研修のための「コスト」という考え方ではなく、生産性を向上させ売り上げにつなげるための「投資」という位置づけで考えていただきたいと思います。

図22 リアル研修とのコスト比較

		オンライン vs リアル	リアルと比較したオンラインの特徴
ヒト	講師	○オンライン ●リアル	・移動の手間がないため、遠隔地の場合でも前後のスケジュールを気にする必要がない
	事務局	●オンライン ○リアル	・単純にオブザーブするだけではなく、研修運営や場づくりに関しても重要な役割を担うため、負荷は増える
	受講者	○オンライン ●リアル	・移動の手間がないため、通常業務への影響が抑えられる
モノ	会場	○オンライン ●リアル	・会場の予約が不要で、機材さえあればいつでもどこでも実施可能
	機材	●オンライン ○リアル	・講師・事務局側は、安定した通信環境が必須 ・受講者へデバイス(PC・タブレット等)の事前配布が必要
	コンテンツ	△オンライン △リアル	・コンテンツの中身そのものはリアル研修と大きく変わらず、運営方法や見せ方を工夫していく
カネ	対ヒト	△オンライン △リアル	・講師派遣料はリアル研修と変わらないことが多い ※研修運営をサポートするサブ講師を派遣している会社も一部あり
	対場所	○オンライン ●リアル	・会場費、講師や受講者の交通費等は不要
	対モノ	●オンライン ○リアル	・最低限のシステムインフラなどに対する初期投資が必要 ※必要に応じて、Eラーニングの併用なども検討

オンラインを使って限られた「ヒト・モノ・カネ」のリソースを有効活用する!

7

オンライン研修の弱点を克服する

●画面の向こうでは何をしている？

ここまではオンラインだからこその魅力について説明をしてきました。しかし、オンライン研修にも弱点はあります。以下に挙げるのは、いずれもリアルの集合型とオンラインの環境の違いに起因するものです。

集合型の研修では、講師も受講者も互いに見る／見られる関係にありますから、受講者もセルフコントロールの意識が働きます。また、講師側も受講者の表情を見て問いを投げかけたり、ミニワークを入れたり、時にブレイクを入れたりと調整可能です。

しかし、オンラインでは相手側の反応が見づらく、ともすると一方的な講義になりがちです。講師側が淡々と事前に準備された内容を話すだけではすぐに受講者は飽きてしまいます。特に周囲から自分の所作が見えない環境だと、すぐ他のことに気を取られてしまいます。筆者が参加したある研修では、講義中に突如、下着姿になった別の受講者がいました。講義中にふと着替えようと思い立って、カメラをオフにしたつもりが、うまくいかなかったようです……。

オンラインという場の弱点

このように「自分が何をやっているか相手から見えづらい」ことに起因するオンラインでの学びの代表的な弱点として、**①集中力を保ちづらい**、**②受け身になりやすい**、などが挙げられます。

また、オンライン研修では講師も受講者も同じ姿勢のままで長時間ＰＣやスマートフォンの画面を凝視することになります。集合型研修ならグループワークの移行や休憩のタイミングで立ち上がったり歩いたりなどの動きが生まれます。しかし、オンライン研修では意識しないとこうした動きが生まれず、長時間にわたり同じ姿勢を保つことになります。そのため、対面型と比べて**③疲れやすい**ことも挙げられます。

弱点克服のカギは、メリハリある運営にあり

では、こうした弱点を克服し、オンラインの良さを活かすにはどうすればよいのでしょうか？

ポイントは、集合型と同じような互いに見る／見られる関係性に、いかに近づけられるかです。可能であれば受講者の方に休憩時間以外はビデオをオンにしてもらい、その場で様子を確認でき、理解度を確認する問いを投げる、休憩を入れる、などフォローがしやすくなります。周囲の環境等の関係で難しい場合には、予告なしにランダムで受講者を指名して意見を話してもらう、全員にチャット機能に意見を書き込んでもらうなど、運営上の工夫で、「いつどんなボールが飛んでくるかわからない」緊張感をつくり出します。

また、時にはビデオをオンにしてもらい、一緒にストレッチする、軽い運動をするなども疲労防止に効果的です。

●限られた情報から変化を拾う

なお、講師側は、受講者の顔出しの有無にかかわらず、相手の反応を拾いに行くことが重要になります。オンラインでは受け取る情報が限られている分、相手の話す内容のみならず声のトーンの変化や間を注意深く観察する、ちょっとした変化を見逃さずに、運営にフィードバックするなど、画面の向こうの相手に想いを馳せて、意識して反応を拾い双方向でのやり取りが意識できると、受講者の集中は途切れづらくなるでしょう。

●ボタンひとつで日常へ?

もうひとつ、オンライン研修の弱点としてあげられるものが、研修終了時の**「リセットの早さ」**です。これは、リアルで集まった際の集合型研修の終了時に存在する「余白の時間」はオンライン研修で意図的につくりだすことが難しく、あっという間に日常に戻ってしまうことを意味します。

集合型の研修であれば、時に気の合う参加者と研修の感想を話しながら一緒に帰路につくこともあるでしょう。一人で帰宅するときも、日常復帰までのタイムラグの間に何度か研修での出来事を思い出し、しばしば学んだ内容を過去の経験に関連づけて自分なりに意味を見出そうと反芻します。こうした余白の時間に、参加者は学びを共有し深めているのです。

しかしオンライン研修ではこうした余白の時間なしに、退出ボタンを押してすぐに日常復帰が可能です。この切り替えの早さゆえに、気をつけないとあっという間に学びが立ち消え、熱も冷めてしまいます。もちろん、すぐにいつもの仕事、生活に戻れるがゆえに、子育て世代などこれまで研修に参加しづらかった層を取り込めるのは、オンライン研修の利点です。しかし、ともすると〝浅い学び〟にとどまってしまうことが懸念されています。

●プログラムに余白の時間を取り込む

では、日常復帰までのタイムラグが生じないオンライン研修では、どのように学びを深めればよいのでしょうか？

ここでは、意識的に余白の時間をプログラム内に取り込むことがポイントになります。たとえば、集合型研修で最後に行う振り返りの時間を長めに取り、一人ひと言感想を発してもらうこと。これには感想内容をまとめる過程の中で、学んだ内容を自分の言葉で置き換え、記憶に定着させる効果があります。時に、他の参加者の感想を聞く中で、新しい発見もあるでしょう。

また、事後課題を課して後日学んだ内容を自分の言葉でまとめる機会を設けることも効果的です。事後課題により、受講者はもう一度研修内容を思い出して職場での日常業務に関連づけて意味を見出そうとします。

このように、集合型研修で生まれていた「余白の時間」をプログラムの中に取り込んでデザインすることで、オンライン研修でも学びを深めることは可能といえるでしょう。

図23 オンライン研修の弱点を克服する

オンライン研修の弱点	改善の工夫
①集中力を保ちづらい ・見られている意識がなくすぐに気が散ってしまう ・講義中でも、内職がしやすい	・できるかぎりビデオをONにしてもらい、反応を確認できるようにする ・受講者にリアクションをしてもらう（拍手、いいね） ・コールドコールで指名する
②受け身になりやすい ・緊張感がなく、ボーッとしてしまいがちである ・アウトプットをしづらい	・一方的に話す（≒講義）時間は極力短くする ・双方向でやり取する仕組みをつくる （チャット、投票、画面共有など） ・グループワークを活用する
③疲れやすい ・画面を見続けるため、目が疲れる ・同じ姿勢をキープすることで、体が緊張する	・対面よりも短めに休憩をとる（1時間に1回10分程度） ・一緒にストレッチや体操をして、身体をほぐす ・深呼吸でリセットの時間を設ける

メリハリある研修の場づくりが運営のカギになる!

8

オンライン研修ならではの運営のコツ

●対面と同じ運営方法では同じ成果を得にくい

オンライン研修は対面の集合型研修と同じように運営してもあまりうまくいきません。その要因のひとつが、**得られる情報の違い**です。

研修時の情報には大きく「コンテンツ情報（研修内容に直接関係する情報）」と「コンテクスト情報（研修内容には直接関係しない雰囲気などの情報）」に分けられます。

特にオンライン研修の場合は、コンテクスト情報が得づらいほか、対面とは異なる方法でコンテンツ情報を積極的に得る必要があります。講師が両者の〝違い〟を無視して運営すると、受講者の状況がわからないまま一方的に講義を進めることになり、効率的に学べる場が生まれません。

講師には〝オンラインならでは〟の特徴を踏まえて対応する柔軟さが求められます。

●コンテンツ情報はオンラインのほうが得やすい

「講師の声」「質問への回答」「グループ演習でのやり取り」といったコンテンツ情報は、会議システムをしっかりと活用すれば、むしろオンラインのほうが広く深い内容を得やすいように感じます。

ただし、対面で近くの受講者数名（2～3名）に簡単な意見交換をしてもらうといったことは難しいため、グループ演習以外のコミュニケーションの場面をいかに受講者全員を巻き込みながら演出していくかが重要となります。

●コンテクスト情報はオンラインではほとんど得られない

コンテクスト情報は、対面と比べてオンラインのほうが圧倒的に少なくなります。視覚情報は講師と受講者が中心となり、講師が話しているときの他の受講者の様子はわかりません。ギャラリービュー機能（受講者のカメラ映像を一覧化して表示する機能）を活用しても、対面と同じような感覚を持つには至りません。

加えて、講師本人は顔以外の情報が伝わりません。話し方も受講者全員を意識せざるを得ないため、研修中の表情を読み取って特定の受講者に合わせた伝え方は困難です。

図24　研修中に得られる情報（コミュニケーション）の違い

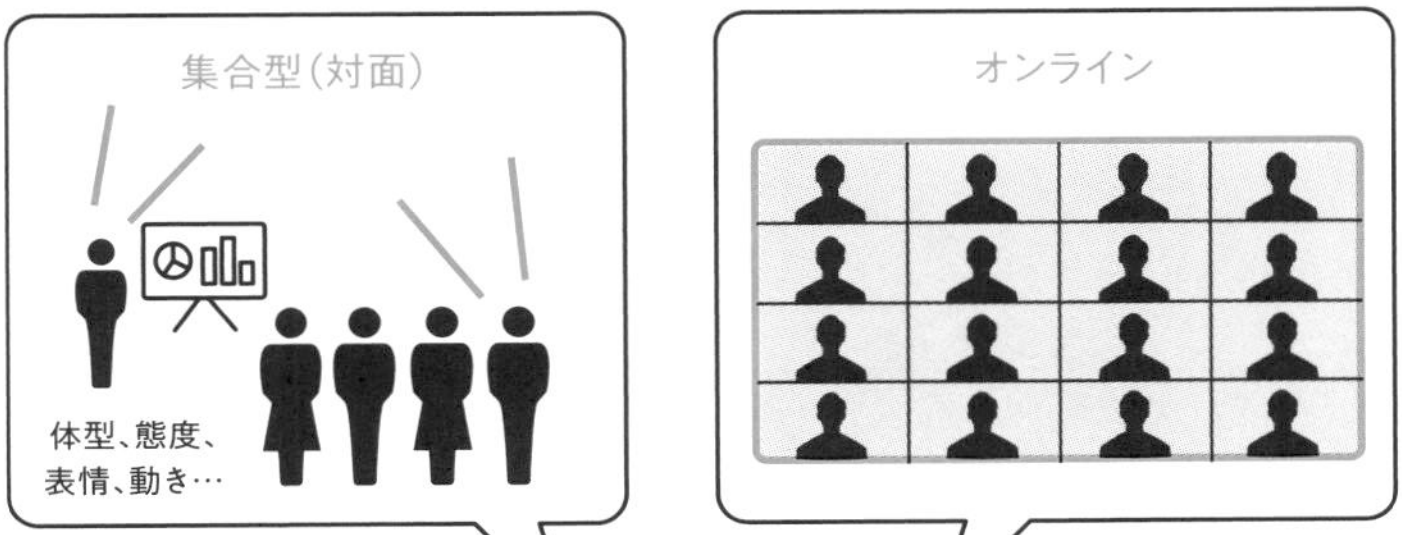

情報の種類	得られる情報	集合型（対面）	オンライン	オンラインの特徴
コンテンツ（内容）	講師の声	○～◎	◎	オンラインでは研修中の画面に見えている情報以外は確認できない。 個人単位での状況を画面から把握することも困難なため、相対的にグループ演習の情報の重要度が高まる。 また、受け身で得づらい情報をチャットや投票といった“ならでは”の機能で補いながら、運営することが成功のカギとなる。
	質問に対する受講者の回答	△（うなずきや相づちを確認）	◎（チャットや投票で正確に確認）	
	受講者2～3名の意見交換	○	△（ブレイクアウトセッションで実施）	
	グループ演習中のやり取り	○（アウトプットを細部まで確認しづらいが全体の状況が見える）	◎（アウトプットを正確に把握）、△（別グループの状況が見えない）	
コンテクスト（状況）	講師の態度	全身	上半身（顔）	
	講師の伝え方	全体向け 特定個人向け	全体向け	
	他の受講者の態度	○	×	
	休憩時間中の雑談	○	×	

●会議システムの機能を熟知して情報の違いを生かす

図24に示した違いは現時点の会議システムを前提としたものですので、今あるシステムの変更や新たなシステムの登場によって見直しが必要です。

しかし、システムがどこまで進化したとしても対面との違いは完全になくなりませんし、増えた機能を受講者全員が使える状態を目指すことも現実的ではありません。

オンライン研修では、使用する会議システムを熟知し、受講者のリテラシーとのバランスをとりつつ、〝オンラインならでは〟のコミュニケーションの魅力をひき出す場づくりが重要となる点は今後も変わることはないでしょう。

第3章

オンライン研修のノウハウ・ドゥハウ（講師編）

1

参加者が受動的にならない工夫をする

●オンライン講師のスタンス

短時間講演で人気の講師は、有名人だったりエンターテインメントとして面白い、興味深いといった場合があります。しかし、1日8時間、または2日以上の集合型研修で人気の講師は、プログラム設計力や対話力も優れていないともちません。

こうした集合型研修で人気の講師は、オンライン研修でも人気講師である可能性が高いです。しかし、集合型研修よりもさらに意識しないといけないことがあります。

それは、**「受講者を一瞬たりとも受動的な姿勢にしない」**ということです。

なぜなら、受講者の皆さんはクラス＝画面から意識をそらすことがとても簡単にできてしまう環境で参加しているからです。

●講師が誰よりもその場を楽しむことが大切

オンライン研修においてはどうしても集合型研修に加え、講師と受講者間でやりとりできるメッセージの量が変わってきます。いわゆる場の空気を共有したり、受講者のエネルギーを感じたりすることが難しいといえます。

そんななか大切なのは、講師がまず誰よりも明るい態度、姿勢を示すこと。そして誰よりもその場を楽しんでいる、というスタンスを示すことです。

これは集合型研修でも同じことですが、オンライン研修だとよりそのスタンスが問われます。テレビやユーチューブの番組でも、画面の向こう側の人が楽しそうにしていなければ、見ている側はしらけてしまうのと同じです。講師がまずその場を大切にし、楽しんでいる姿を示すことが、場を活性化する入り口といえます。

●「ただ聴いていればいい」と思われないために

ほぼ顔だけしか見えない受講者、または通信が不安定で顔出しができない受講者もいます。その場合、もしかしたらスマホをいじっていたり研修とはまったく関係のないことをしている可能性もあります。講師や他の受講者からの目が届いていないと感じてしまったら、身の回りにあるいろいろな誘惑に負けてしまっても仕方がない環境です。

図25 オンライン研修で人気を得る講師の特徴

① スタンス

- Youtuber型
  =講師中心の
  エデュテイメント力
- ファシリテーター型
  =参加者中心の
  場づくり力

② デリバリー

明るい表情・空気
テンポよく
メリハリのある言動

③ ツール

参加者の様子を見て
チャット／投票／ブレイクアウト／ホワイトボード／ビデオ／ポストイット
アプリなどを臨機応変に
組み合わせ

④ ファシリテーション力

人気のオンライン研修ファシリテーター

(1)受講者との密なコミュニケーション
テンポ良い問いかけ・個人やグループへの働きかけ

(2)実例豊富なコメント力
経験からくる 実践に対する的確なコメント・フィードバック

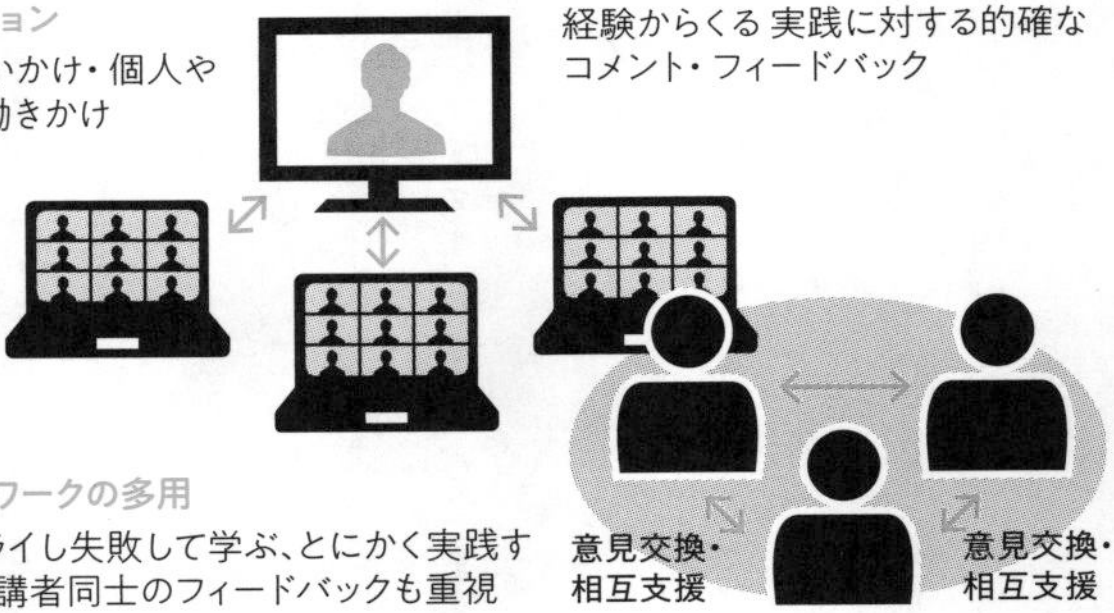

(3)グループワークの多用
自分でトライし失敗して学ぶ、とにかく実践すること、受講者同士のフィードバックも重視

アウトプット重視の運営(アウトプット時間50%以上)
とにかく参加者中心、能動的になっていただくための問いかけ、個人／グループの演習を多く実施し、オンライン研修は実践を積む場として位置づける。参加者のアウトプットに対して的確なフィードバックをすることで、自らの課題に気づき、アクションにつないで場をつくっていく。

ですから、講師がスライドを使って一方的に話す時間が続くのは危険です。質問を投げかけて参加者の意見を頻繁に取り入れたり、理解を確認したり、グループワークを入れて参加者同士で話し合っていただく機会をつくり、能動的に取り組むようにプログラム設計することが大切です。

受動的な姿勢にならないように工夫する講師が「また受けたい」と思われる人気講師の共通ポイントです。

常にクラス（画面）に集中していただくように運営している講師の場合〝オンライン研修ときいて、終日なんてまさかと思ったけれど、あっという間でかつ中身が濃かった〟という感想を多く受けています。

●双方向対話のツールを臨機応変に活用

講義をすることは得意だけれど、どうやって双方向のクラスをつくればいいか、困っている講師もいるのではないでしょうか。「皆さん、どう思いますか？」とただ尋ねても、静まり返るのみ。まず、発言しやすい場をつくることが大切です。

研修のスタート時にいくつかの双方向ツールを使い、参加者に「あれ？　なんだか面白そう」という気持ちになっていただければ、場が活性化されてきます。

図26 狙いに合わせた双方向ツールの活用

ツール	使い方の例	狙い
チャット	講師が口頭またはスライドで投げかけた質問に対して、簡単な回答を入力する	だれが何を回答したのかわかる。講師からも参加者間でもコミュニケーションが取れる
投票	講師が見せる選択式設問を見て、該当する番号を入力し投票する	匿名で回答できる。大人数の参加者でも瞬時に回答の割合がわかる
ブレイクアウト	全体研修室から移動して、3−5人の参加者が集う別会議室でグループ演習をする	密なコミュニケーションをとることができる。役割分担によって責任と参画意識が高まる
画面／ビデオ／ファイル共有	事前課題で作成したシートの共有発表や、みんなと共有したい参考情報としてのビデオやファイルをいっしょに見たり、チャットに書き込む	同じものを見たり、つくったりしている協働感覚が、仲間意識を醸成する
ホワイトボード	お互いが同じホワイトボードに自由に書き込むことができるので、矢印やイラストや感覚的なアウトプットを共有して議論できる	パワーポイントやワード、エクセルなどではなく、もっと感覚的にカラフル&自由に、全員で遠慮なく自分の考えを見える化して成果物のたたき台をつくりあげる
ビデオ録画	大切なディスカッションの記録代わりとして、または自分の発表態度を振りかえることができる	記録されているという緊張感と、自分や他者のふるまいを振りかえり改良していく
その他アプリ	Miro（付箋紙ソフト）、REMO（ワールドカフェ）などの外部ソフトを活用する	ブレインストーミングなど、活発な対話を促す

簡単に使えるのは、チャット、投票、ブレイクアウト。慣れてきたら、参加者同士の画面共有、ホワイトボード活用、ビデオ共有、ファイル共有などを取り入れていきましょう。

●研修中に受講者同士が検索チェックし情報共有

オンラインで受講者に情報や知識を伝えるには、いくつかのやり方があります。ここでは仮に、「日本のスマホ普及率」について教える場面を想定します。

①「日本のスマホ普及率は85・1％です」と講義する。
②「日本のスマホ普及率は？」と参加者に尋ねる。
③「日本のスマホ普及率を調べて、見つけた数字をチャットに書いてください」と参加者に依頼する。

③ではただ伝えるのではなく、まず質問することで一度受講者の皆さんに考えてもらい、仮説として自分の答えをチャットなどに書いてもらう。そしてそれを自分で（スマホなどで）調べて検証してもらいます。そこでクイズ番組のように、早いもの勝ち

でミュートを解除して、「三坂です！　85・1％！」などと自分の名前とともに答えを叫んでもらうようにすれば、場が一気に活性化します。そこで「仮説は合っていましたか」と確認すれば、一層記憶に残り、学びが深まります。

検索が苦手な方がいる場合は、「このキーワードで調べてみては？」などとヒントを伝えるといいでしょう。こうすることで、調べる習慣もつきます。その際、こんなことを言い添えてみてもいいでしょう。

「出典元が重要です。URLをチャットに貼ってください。フェイクはだめ、ファクトベースです」

リサーチの際は出典元を明示するという基本を習慣にしてもらいましょう。

●新情報や変化へのアンテナを高める習慣を

動画も含めて、良い情報はみんなでシェアすると、能動的な場ができあがります。これは、オンラインファシリテーションのノウハウ・ドゥハウのひとつです。ぜひやってみてください。

「〝ユニコーン企業〟の定義を4つ見つけましょう！　見つけた方は〝挙手マーク〟を押してください」

という感じです。そして出典元のURLをチャットに貼り付けると効率的な情報共有が可能です。

このやり方だと、受講者は受動的な姿勢でいるわけにはいきません。常に「何か次に来るぞ」という気持ちで聴いていないと、講師や他の受講者にさぼっていることが見抜かれてしまいます。リラックスした参加姿勢を促し、しかし緊張感と集中力を保つ双方向のやり取りを仕掛けましょう。

2

積極的に自己開示し、信頼を得る

●なぜ自己開示するのか？

皆さんは面識のない相手がいきなり話しかけてきたら、どのような気持ちになるでしょう。大半の方は、怖いという恐怖感を持つのではないでしょうか。

人間は未知のものに対して恐怖感を持ち、避ける傾向があります。その心理状態を新奇恐怖（ネオフォビア）といいます。

オンライン研修は講師が画面越しで講義をするスタイルのため、受講者の立場になると、初対面の講師に関して得られる情報は、画面に映っている範囲に限られることから、集合型研修と比べると少なくなります。

そのため、受講者は講師に対して「この講師はどんな人なんだろう？」「この講師を信用して話しても大丈夫だろうか？」といった新奇恐怖状態になってしまいがちです。こうした状態に陥ると受講者の本音を引き出せず、双方向の運営が難しくなってしまいます。

そこで重要なのが自己開示です。講師が積極的に自己開示をすることで、受講者はあなたに対して安心感を持ち、双方向の運営を進めやすくなります。

●自己開示で「心理的安全性」を高める

では、自己開示とは何でしょうか。「自分自身についての情報を明らかにすること」です。皆さんは初対面の方と話をしていて、その方の趣味や出身地といったプライベートな話を聞くことでぐっと親近感が高まったという経験はないでしょうか。それは、プライベートの話によってその方の情報を得たことで、初対面の際に感じた恐怖感が和らぎ、結果として「心理的安全性」が高まったということになります。

画面越しの情報が主となるオンライン研修だからこそ、受講者が安心して研修に参加できるよう、自己開示をしていきましょう。受講者の「心理的安全性」が高まると、受講者も講師を信頼し、研修の取り組み姿勢がより前向きになる効果があります。

●素直に伝えることで相手に届く

とはいえ、自己開示は単にプライベートの話をすればよいというわけではありません。重要なのは聴き手に対して「意図的」と思われない伝え方、内容が重要です。

具体的には、自分の良い部分だけではなく、悪い部分も踏まえてありのままを素直に伝えることです。意図的な伝え方の場合、あえて良い部分だけというように部分的な伝え方となってしまいます。

「実は私、学生時代は××部に所属していて……」

「この前、こんな失敗をしてしまいまして……」

「最近の週末は娘と公園で……」

というように、意図せず素直に自己開示することを意識する必要があります。

また、自己開示によって相手との関係性が構築できると、相手に返報性の法則が働きやすくなります。返報性の法則とは、人は他人から何かを受けたら返さないといけないという心理のことです。つまり、自己開示をした講師に対して、受講者は「何かお返ししないと」という心理になり、取り組み姿勢、受講者の研修への介入度合いが高まります。

図27 講師は自己開示する、
見えない相手だからこそ意識を向ける

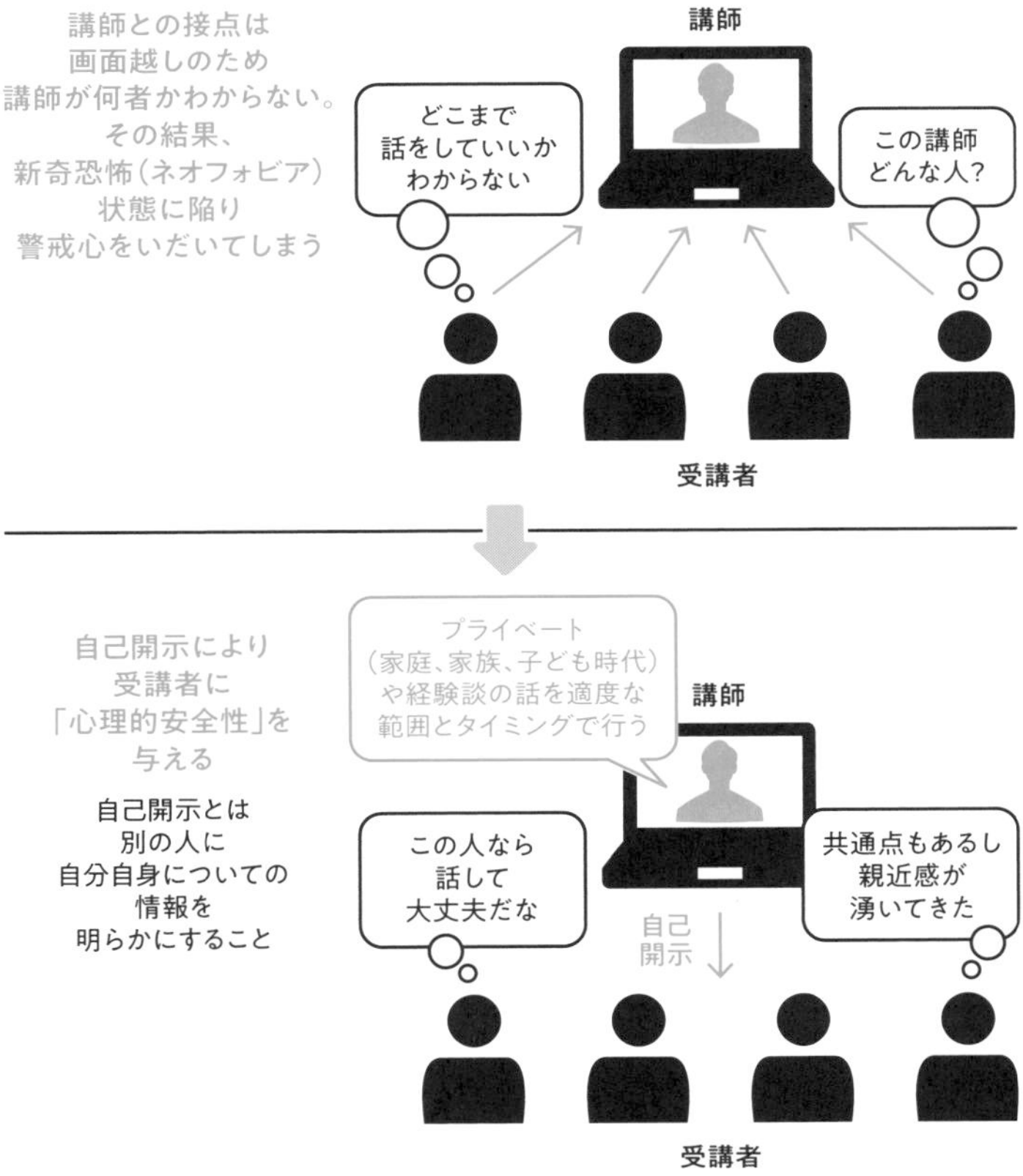
講師との接点は
画面越しのため
講師が何者かわからない。
その結果、
新奇恐怖（ネオフォビア）
状態に陥り
警戒心をいだいてしまう
講師
どこまで
話をしていいか
わからない
この講師
どんな人？
受講者
自己開示により
受講者に
「心理的安全性」を
与える
自己開示とは
別の人に
自分自身についての
情報を
明らかにすること
プライベート
（家庭、家族、子ども時代）
や経験談の話を適度な
範囲とタイミングで行う
講師
この人なら
話して
大丈夫だな
共通点もあるし
親近感が
湧いてきた
自己
開示
受講者

3

テンション高く、エネルギーあふれる場を演出する

●現実を忘れさせるくらいの明るいクラスをつくる

オンライン研修で重要なことは、目や耳から入ってくるクラス全体の明るさです。ただでさえ集中するのが難しい環境で受講している受講者の方々のことを考えてみましょう。

画面に映っている顔や表情が暗い、聞こえてくる声が聞こえづらい雰囲気のクラスと、笑顔が絶えない明るいイメージのクラス、どちらが集中しやすいでしょうか。皆さんがひとつの研修室に仲間とともにいて、つながっているかのような気持ちで研修に参加できるよう、支援することが大切です。映画やテレビでも、夢中になるとその世界に引き込まれていますよね。そんなクラスをつくることに、講師は責任を持ちましょう。

「たった一人で自室に座って画面を見ている現実」を忘れさせるくらい、参加者の皆

さんの集中力と想像力を刺激し続けるのが講師の役割です。

●明るいクラスをつくる講師に求められるチカラ

講師の見た目と話し方はあなどれません。いつもの自分、あるがままで大丈夫、という考えは止めましょう。第一印象で、マイペースで自己優先の人だと思われるのは、もったいないことです。受講者の貴重な時間を預かっているのですから、他に何かをして過ごす以上に価値のある時間を提供することに責任を持ちましょう。そのためにも、受講者にとって心地よい見た目で登場することは大切です。

もちろん芸能人やタレント、ユーチューバーではないのですから、講師自身が特段目立つ必要はありません。受講者を気づかった清潔感のある姿であればＯＫ。そしてそれ以上に気をつけていただきたいのは、**画面の明るさとクリアさ**です。そこに**明るい表情**で映っていれば合格です。

そして第一印象をクリアできたら、その後は受講者への的確なコミュニケーションで場をつくりあげていきます。主役は講師ではなく、受講者の皆さんです。受講者同士が明るく、能動的にコミュニケーションできるように、講師が仕掛けていきます。

●講師のデリバリー力で参加者の受講意欲が変わる

オンライン会議システムでは、「はじめまして」などと声を出すと、声を出している人物が画面に大映しになる設定が標準的です。このとき、講師の最初の挨拶が次のような状態だとしたら、参加者の気分は暗くなってしまいます。

①顔が暗くてよく見えない（目に届く情報）
②背景に気になるものがある（目に届く情報）
③声が聴きとりにくい（耳に届く情報）

①に対しては、ともかく光量です。顔の前にライトを置いて顔が明るくなるようにしましょう。逆光になっているのも失礼です。ＺＯＯＭなどのオンライン会議システム上で明るさを調整できる機能もあります。使ってみましょう。②に関しては、部屋を片づけて、映って不適切なものは置かないようにします。無地、あるいは木目の壁がバックにくるように自分の位置を調整するか、それが難しい場合は、オンライン会議システムの機能を活用して、背景をぼかしたり、写真を合成したりしましょう。ネットを探せば、フリーで使える背景素材も存在します。

いずれにしても、自分がどのように映っているのかを事前にチェックし、明るさと背景を適切に整えることが事前のマナーです。

また、もうひとつ事前に行っておくべきなのが、③に関するスピーカーとマイクのチェックです。オンライン会議システムにはマイクとスピーカーの音量をテストする機能がありますから、それを使って相手の声と自分の声がクリアに適切なボリュームで聞こえていることを確認します。

こうして第一印象をクリアできたら、あとはテンポよくメリハリある伝え方を心がけ、できるかぎり目線をカメラ（レンズ）に向けて、明るくリズムのあるクラスをつくりあげましょう。

●主役である参加者の力を引き出すファシリテーション

ただし、話し方や見せ方だけで惹きつけるのでは不十分です。何より講師に求められるのは、参加者の方々との関係づくり、そして場づくりです。一方通行で延々と話し続けられたら、参加者はすぐに飽きてしまうでしょう。10分に一度は参加者との双方向のコミュニケーションを入れるようにします。

講師に求められるファシリテーション力には、以下の2つがあります。

①講師と受講者のコミュニケーション
②受講者同士のコミュニケーション

双方向で活発な場をつくる鍵は、講師が投げかける質問です。オープン質問ではなくクローズド質問で答えやすいムードをつくり、個人のお名前を呼んで、どんな回答やご意見でも受け入れて、声を出すことや挙手することへの抵抗感をなくすことが大切です。（オープン質問とクローズド質問については155ページ参照）

みんなでこのクラスをつくっているという能動的な姿勢を持っていただくように、声をかけていきます。

図28 集中できるクラスづくりのための講師のアクション

講師のデリバリー	参加者へのコミュニケーション
バーバル(言語) ・マイクテストでクリアな声を確認する ・PC内蔵マイクよりも外部マイク(ヘッドセットまたはスピーカーセット)を使う ・声のトーンをあげて"笑い声"をつくる ・一人ひとりの相手へ話しかけるようにカメラへ向かって声を出す ・一文を短く、リズミカルに語る	**講師⇔受講者** ・一人ひとりへの関心を持つ ・必ずお名前で呼びかける ・受講者リストを使い、だれが発表したかチェックして公平に指名する ・個人をじっと見ていることが可能なので相手の表情や反応、状態に注意する ・適度におせっかいな姿勢を貫く
ノンバーバル(非言語) ・前からライトをあて顔を明るくする ・頬、首、肩、上半身を柔らかくほぐす ・映りが効果的な背景をつかう ・自分の輪郭がクリアか確認する ・姿勢(座り方、立ち方)を正しくする ・画面を見るのではなく、カメラを見る ・口角をあげ自然な笑顔をキープする ・ジェスチャー(いいね!や挙手など)を効果的に使う	**受講者⇔受講者** ・受講者から次の発表者を指名していただくという場のキャッチボールをつくる ・挨拶やストレッチなど、クラスのリード役を順番に受講者の皆さんに決めていただいて運営する ・お互いに場に貢献した方に対して笑顔で拍手することを奨励する ・お互いの発言への質問や感想をチャットに書いていただく

4

オンラインの強みを活かした研修を設計する

●オンライン研修の「Pre」「On」「Post」とは

対面の集合型研修とオンライン研修とでは、基本的な狙いや高めてほしいスキル設定、企業の未来をつくる人材を育成するという本質は大きくは変わりません。しかし、留意すべきポイントは少し異なります。

オンライン研修を実施するうえで、オンラインならではの「強み／弱み」、集合型ならではの「強み／弱み」を理解し、各々の良いとこ取りをした研修を設計しましょう。

オンラインの強みを活かしつつ、集合型で得られる一体感や受講者および講師との双方向でのインタラクティブなやり取り、対話を重視し、「教わる」のではなく自ら「学び」、受講者同士が「学び合う」経験学習の素晴らしさを失ってはいけません。

研修企画に求められるのは、準備段階から実施、事後のフォローまで、研修の目的を達成するために、受講者の立場に立った「学び」のプログラムを設計することです。

本項では、研修の全体設計を「Pre（事前準備と事前課題）」「On（オンライン研修実施）」「Post（事後アクション）」に分け、それぞれのポイントを説明していきます。

●「Pre（事前準備と事前課題）」でのポイントと留意点

まずは事前準備と事前課題「Pre」の段階です。ここで改めて確認したいのは、**「この研修は、誰の、何を高めるために実施するのか」**。つまり研修の「目的」を明確にします。

研修はあくまでも手段です。「あるべき姿（目的）」を定め、現状とのギャップを明確にしたうえで、どのような解決策（手段）を提供していくべきかを描きます。

さらにオンライン研修では研修実施の前に、どのビデオ会議システムを用いるのか、また参加者のPCやタブレットなどのデバイス状況やインフラ（インターネット接続）状況などにも目を向ける必要があります。もしも全員が受講できない状況であれば、デバイスの貸与も検討に入れなければならないかもしれません。

しかしながら、それら事前準備も慣れてしまえば大きな負担ではなくなります。むしろ、オンラインだからこそできる事前課題の幅が拡がり、学習効果を最大化できるというメリットも引き出せます。

たとえば、事前にテストをオンラインで実施し、その結果をフィードバックし、不足分をEラーニング動画で補足したうえで参加してもらうとか、事前に環境分析の事前セッションをオンラインでチームごとに実施し講師と共有したうえで参加してもらうといったことです。このように、オンラインでは「Pre」と「On」をシームレスにつなぐ設計が比較的考えやすいといえます。

●「On（オンライン研修実施）」はアウトプット重視！

「Pre（事前準備と事前課題）」で定めた「誰の」「何を」という目的を実現するための「どうやって」が実施されるのが「On（オンライン研修実施）」になります。

オンラインという特性上、講師が受講者に対して一方的に教えるという形になりがちですが、それでは動画の視聴と変わりません。受講者が自ら学び、飽きることなく研修に没入できるよう、設計段階から工夫をする必要があります。

このフェーズでの最大のポイントは、**「アウトプット多めの研修設計がなされているか」**ということです。

インプットだけならEラーニング動画や書籍でも可能でしょう。そこでオンライン研修を行う際に重要なのは、「みんなとだからできる」という、いわば集合型研修に近い状態をつくり出すことです。

アウトプットを多くし、少人数で実施できる（ZOOMであればブレイクアウトセッション等などの）対話を多くすることで、受講者同士、受講者と講師という一人ひとりのつながりを増すことができます。そこで互いにアウトプットに関してフィードバックし合い、研修内容を「わかる」だけでなく、「できる」とはどういうことかについても理解を深めることができれば、自信や現場での再現性にもつながります。

このように「On（オンライン研修実施）」では、インプットコンテンツを増やすよりも、アウトプットコンテンツ（ワークや演習やディスカッション）を多くする設計が、その研修をより効果の高いものにしていきます。

また、オンライン研修の大きなメリットは、このアウトプットを蓄積し、データとして「見える化」することが容易に行えることです。

従来の集合型研修でも、議事メモを作成したり、ホワイトボードを写真に撮ったりなどして、アウトプットの共有は試みられてきました。しかしオンライン研修では、ディスカッションされている生の情報を、レコーディングやチャット機能、ホワイトボード機能等を用いることで意識することなくデータとして蓄積可能となり、振り返りなどにも自由に活用できます。

「Post（事後アクション）」でスキルの定着を図る

研修実施後の「Post（事後アクション）」のポイントは、**学んだことを「いつ」「どこで」活かすのか、どのように習慣化していくかを、しっかりとフォローする**設計になっていることです。

オンライン研修の場合、終了後、退出ボタンを押せばすぐに日常の仕事や生活に戻ってしまう「リセットの早さ」の課題があることは、102ページでも触れました。

そのため「On（オンライン研修実施）」の最後には、研修で学んだことを今後「いつ」「どこで」活かすのかというアクションを互いに伝え合う時間を設け、研修内での学びを内省してもらうと効果的です。

また、そのアクションを継続的にオンラインで共有したり、研修後に実施した結果を伝え合いアドバイスし合ったりするなど、スキル定着の習慣化を実践できる仕組みを構築しておくことも、研修設計には重要です。

このようにオンライン研修の設計は、事前課題から研修実施後のフォローまで、全体をシームレスにつなげるとともに、「人」と「学び」と「実践」を立体的に結びつけるものです。これが実現できれば、今まで単発で終わりがちであった「研修」を、人材育成の継続的なプラットフォームへと進化させることが可能となるのです。

図29　企画から実施、事後フォローまでのフロー

オンラインでの研修は全体のフローを意識した設計が大切。

研修の事前準備（課題）～オンライン研修実施～事後の定着（事後課題）でのポイントを押さえ、効果の高い研修を実施する。

Pre（事前準備と事前課題）	On（オンライン研修実施）	Post（事後アクション）
Point 「誰の」「何を」高めるのか？	Point 「どうやって」を実現する設計になっているか	Point 「いつ」「どこで」活用するか具体的な習慣化ができるか
・研修実施の目的を確認。 ・「On（研修実施）」で得たい成果（ゴール）を再確認する。 ・使用するシステムの整備と利用方法の確認。 ・事前に受講者が各々でできる課題に取り組む	・アウトプット重視型研修。 ・「わかった」ではなく「できる」までを実践的にトレーニング。 ・一人ひとりとのインタラクティブなやり取りを多く取り入れる。 ・講師と受講者、受講者同士もつながる効果を最大化する。	・オンラインでは、「対人」という認識よりも「対デバイス」になりがち。 ・研修終了後も「対人」「対業務」であることを忘れないようなつながりを重視した事後課題。 ・スキル定着の習慣化をつくる。

オンラインでは「On」をよりアウトプット重視、対話重視にすることで、双方向の「つながり」「実践」を実感できるようなスキル向上設計を行う。

5

誰をターゲットとして、何をゴールにするか

●研修の目的を明確にして、手段を整理する

本項では、オンライン研修における研修プログラムを構築していくために必要な視点を整理していきましょう。

まず、企画から設計、実施、フォローとつながる流れにおいて考えるべきは、人材育成における目的設定になります。

「社員が自らのスキルを高め、自尊心高く社会や企業に貢献し主体性をもって働きかけられるような人材とはどんな人材なのか」について定めていきます。

社員を育成する一番のキーポイントは、自ら成長できる環境と場を整えていくことにあります。企業にできることはその手助けであり、場の提供に過ぎません。

次に、事業の目指す姿を共につくってくれる社員のスキルを棚卸しし、どんなスキルを高めていくべきなのかを見極めて研修メニューを構築する必要があります。

オンライン研修においては、移動や距離の制限がなく、いたるところで互いに学び合う機会を持つことができます。その利点をうまく活かしながら一人ひとりに適切な研修メニューを用意することが重要であり、そしてそれは実現可能です。

●受講対象設定と目的設定をグランドデザインする

社員一人ひとりに適切な研修を用意するためには、スキルや経験値、目指すキャリアなど社員個々が抱える課題を明確にする必要があります。この「誰の」「何を」を明確にするために、「誰の」という対象者（ターゲット）をまずは整理していきます。

図30の事例では一般的な階層で分けていますが、これに限るわけではありません。部署ごとや職位や職務ごともあるかと思います。大切なのは、似たような課題を抱えている層をしっかりと細分化し、受講する社員の「顔」が見えるようにすること。そうすることで解決するべき課題の具体性がより高まってきます。

次に、「何を」設定していきます。研修の目的を明確にしていくわけですが、この設定には、企業としての「ありたい姿」と人材育成としての「ありたい姿」が合致しており、かつ、社員の抱える課題の解決にもつながる目的設定が必要となります。

今後はビジネススキルを発揮するシーンが多様化し、オンラインでもオフラインでも様々なコミュニケーションや課題解決力が融合化されていく中において、より重要となるであろうスキルを先回りで研修メニューに盛り込む必要も出てきています。

たとえば、どこの企業でも求められ基盤として高めておくべき「ビジネスポータブルスキルの向上」や、より一層のテレワークの推進によるマネジメント高度化のための「チーム推進、リーダーシップ力向上」、そして常に進化を続けていくための「変革力や新規事業創造力向上」など、一歩先を見据えたゴールを設定し、研修メニューを通じて企業としての未来創造への意思を表現していくことも可能となるでしょう。

このように、「誰の（対象者）」「何を（目的）」をマトリックス等に整理をして、まずは大きなグランドデザインを構築します。

●「どうやって（解決策）」を具体化し、「どこまで（目標）」を明確化する

対象と目的の設定が明確になったら、次は「どうやって（解決策）」を構築します。

たとえば、「若手層」×「ビジネスポータブルスキル向上」であれば、「ロジカルシンキング」「プレゼンテーション」「ビジネスライティング」「マナー」といった項目が挙がってくるように、「対象者」×「目的」の枠で、具体的な解決策としての研修メニューを構築していきます。

図30 ターゲットごとに異なる研修メニュー一覧（一般的なもの）

「誰の（対象者）」と「何を（目的）」を達成するための「どうやって（解決策）」を実現する。

ターゲットと研修メニューの事例

「何を」（目的）

「どうやって」（解決策）&「どこまで（目標）」

「誰の」（対象者）	ビジネスポータブルスキルを高める	チーム推進力、リーダーシップ力を高める	変革力や新規事業創造力を高める
経営層		・役員向けリーダー力 ・管理職リーダー力 ・マネジメント力 など	・アート思考 ・デザイン思考 ・創造性向上 発想力強化 など ・新規事業立案プロジェクトなど ・ビジョン&戦略プランニングなど
リーダー・マネジメント層	・ビジネスプラン ・戦略シナリオ ・マーケティング など		
中堅層	・ファシリテーション ・アカウンティング ・課題解決力 など	・オンラインコーチング ・チームビルディング ・プロマネ など	
若手層	・ロジカルシンキング ・プレゼンテーション ・ライティング など	・コミュニケーション ・報連相 ・ビジネスマナー など	

ニューノーマル時代のオンライン&オフラインの両輪シーンにおけるビジネス力を「誰の」×「何を」を定め、「どうやって」×「どこまで」で最適な研修を構築することが重要になる。

もちろん、対象を階層別に限定せず、問題意識別や手上げ制で自らより強化したいと思うスキル研修に参加できるようなオープンな場を設けるのもよいでしょう。

もしくは、今後はすべての社員に身につけてほしい新しいスキルや、階層を超えダイナミックに社員の融合を図りながら新規事業を創造していくプロジェクトを設定するといったこともできるはずです。全体の「誰の」「何を」という目的が整理されていれば、解決策を柔軟に用意し、最適な研修メニューの構築がやりやすくなります。

そして、最後に忘れてはならないのが、「目標」の設定です。

目的を達成するための手段として具体的な研修プログラムが設定されるわけですが、重要なのは、個々の研修プログラムで、「どこまで（目標）」できるようになるのかが明確になっていることです。つまり、その研修を受講することでどんな成長が期待されるか、そしてそれは達成できたか否かをどのように判断するか、ということです。

私たちはこれまで多くの研修プログラム構築のお手伝いをしてきましたが、成否を分けるのは、この**「目標が明確になっているか、曖昧なままなのか」**に起因することが多いのです。

研修受講後に「どこまでできるようになるか」という目標が明確だからこそ、事後アクションとして「不足分は何か？」「さらに成長を促す施策は何か？」を考えることで研修メニューもブラッシュアップできるようになります。

このように「誰の（対象者）」「何を（目的）」「どうやって（解決策）」「どこまで（目標）」を設定することで、研修プログラム全体を通じた一貫性が生まれることになります。

特にオンライン研修では、個々人が違う場所から参加しているケースが多くなります。研修目標としての個々人の達成成果を確認できるようにオンラインでは個々人のアウトプット精度やグループワークにおけるアウトプット精度、それに対する互いのフィードバック等、一人ひとりが目標を達成できているかどうかをしっかりと確認していく必要があります。これが我々のインプット重視ではなくアウトプット重視にし、受講者とインタラクティブなやり取りを大切にしている理由のひとつでもあります。

研修プログラム実施における「どうやって」と「どこまで」という研修の達成目標が明確化されることによって、事前課題と事後課題のつながりをより最適化することができるようになるのです。

6

Pre / On / Post を柔軟に描く

●「On」研修実施時の効果を最大化する事前と事後の繋がり

では、さらに具体的に「On（オンライン研修実施）」の目的と目標に対して、効果を最大化するための「Pre（事前課題）」と「Post（事後課題）」にはどのような種類と組み合わせがあるのかを紹介していきたいと思います。

オンライン研修においては一人ひとりが遠隔受講されているケースが多く、研修実施時に講義や受講者同士のディスカッション、講師とのインタラクティブなやり取り等で研修に集中し没入して参加してもらうことが重要なのは繰り返し述べてきました。

そのためには個々人が研修に参加する意義や問題意識、自分が高めたいスキルについて事前課題を通じて考えてきてもらうとともに、事務局や講師を含めた参加者同士のエンゲージメントを高める必要があります。

エンゲージメントを高めるにあたっては、「仲間意識」「貢献意識」「成長実感」が得られることが重要なポイントになります。

事前準備では課題を通じて知識や問題意識の醸成、研修実施中はさらなる知識の深堀と実践、研修後には不足分のフォローや現場での具体的な行動でスキルを定着させられるよう、事前課題と事後課題を一連の流れとして用意しておくとよいでしょう。

●「Pre（事前課題）」の目的と種類

では、「Pre（事前課題）」には、どのようなものがあるのでしょうか？

目的と手段で整理していくと、知識補完のための「インプット型」と、講義で使う自分の考えを整理しておく「アウトプット型」に分かれます

まずは「インプット型」です。オンライン研修では、講師からの一方的な講義を聴いているだけでは集中力を保つことがなかなかできません。そのため、必要な情報と一定の知識は事前にインプットしておくことで、講義中に扱われるテーマに対してメンバー全員の知識レベルが揃っている状態をつくり、講義中は議論やアウトプットに集中できるように促します。

具体的な事例としては、Eラーニングの動画視聴があります。実際の講義で扱うス

キルに対して、短時間でわかりやすくポイントを絞り込んだEラーニング動画を事前に視聴しておいてもらうことで、研修時に一からインプットするのではなくアウトプットに集中して取り組むことができるようになります。

さらに、Eラーニング動画システムを活用することの受講者側のメリットとして、いつでもどこでも隙間時間を使って短時間で複数回視聴でき理解をさらに深めていくことができるようになります。

また講師、事務局側のメリットとしては、だれがどれくらい視聴しているのかが把握できるようになり、参加時のレベルや理解度も想定した研修運営が可能になります。LMS（Learning Management System）のような学習管理システムも進化しています。私たちも活用していますが、事前課題のみならず、事後としてテストを用意することも可能になり、シームレスな学習支援を実現するツールとして活用されています。

他にも、課題図書を熟読してもらうのもよいでしょう。動画のように情報を与えられるだけではなく、自ら文章を読み解き文脈を理解しようという能動的な働きにも効果があると思います。

このように、インプット型の事前課題は、ポータブルなビジネススキル向上など具体的な個々人の「技術」を高める研修に向けているといえます。

次に「アウトプット型」に目を向けてみましょう。アウトプット型の事前課題の特徴は、研修実施前に当事者意識を高めるために、受講者自身の問題意識の整理や、現場の課題の整理、または、環境分析や顧客分析や、新規事業アイデアという形で、講義で使う自分の考えをアウトプットして整理しておくことになります。

研修で取り扱うテーマに即した分析シートやフレームワークを用意し、事前に実施しておくことで研修実施時に情報収集するのではなく、あくまでも仮説検証の場として受講者同士の情報交換や意見交換の場として考えを深め、次なるアクションをつくるために活用していきます。

アウトプット型の事前課題を実施するにあたっては、その目的や意味、どのように整理していくのかという丁寧な説明が必要になりますが、与えられるのではなく自ら情報を取りにいくことで研修実施前から当事者意識を醸成するにはとてもよい課題になります。

アウトプット型の事前課題は、実践的な現場の課題解決や、戦略プランニング、事業開発プロジェクトなどといった、研修時にリアルテーマを扱い、実際に動かしていくような研修に向いているといえるでしょう。

つまり、事前に情報を収集し、自らの考えを整理して仮説を持ち寄り、研修実施時に拡散や収束、そしてより深めて、研修後にあらためて更なる情報収集での仮説検証の実施や、具体的な実行の後の成果共有といったより組織やチームでの「成果」を高めていく研修に向いているといえます。

●「Post（事後課題）」の目的と種類

次に、「On（研修実施）」の後、その効果をより定着していくための「Post（事後課題）」はどのようなものがあるのでしょうか？

こちらも「インプット型」と「アウトプット型」に目的と手段別に整理できます。

まずは「インプット型」です。研修実施の後、更なる知識の定着に向けて実施されるのがＷＥＢテストや理解度チェックです。研修講義において目標を達成できているかをあらためて確認をし、不足があるなら更なるインプットで補完する方法になります。

このテストや理解度チェックは、終了時の１回だけではなく、複数回実施することをお勧めします。一度インプットした知識や情報は忘却されがちですが、それを防ぐために重要なのは、使う期間と頻度になります。現場での実践で定着されていくまでは、何度か期間を設けたうえでインプット確認を実施することで定着度が高まっていきます。

もうひとつ、インプット型としてあるのが、研修時に議論しアウトプットした仮説に対する検証のための更なる情報収集といった知識の補完になります。研修時での議論の結果、より詳細な情報や知識が必要であることに気がつくことも多々あります。そのために事後課題として不足分を補える場を用意することも大切になってきます。

いずれにせよ、事後課題のインプット型は、研修時のアウトプットに対して、更なるスキルの定着や情報の補完的役割を持たせるために活用されることが多くなります。

一方で、「アウトプット型」とは、研修実施時に演習や対話によってアウトプットされたものをプレゼンテーションしたり、実際の提案に結び付けたりする〝成果物〟を重視するやり方です。

具体的には、職場の課題解決シナリオを提案や新しいマーケティング戦略の提案、新規事業プランの提案といった組織的なものから、個々人の仕事の改善シート、タイムマネジメント改善、プレゼンスキル向上成果発表といった個人的なテーマも実施されています。

研修実施後から少し時間を空けて、研修で身につけたスキルを現場で活かしてみてどうだったか？　実際のアクションを通じて気がついたことなどを振り返る、よい機会にもなります。

研修実施前から事後課題にて、しっかりとした「アウトプット」（成果物）を出すということを認識してもらうことで、個々人やチームメンバーの仲間意識や貢献意識、成長実感にもつなげていくことができるようになるのです。

●「事前・事後課題」×「インプット・アウトプット型」

これまでお伝えしてきた「事前課題」と「事後課題」、そしてそれぞれの「インプット型」と「アウトプット型」を整理すると、図31のようになります。

これらの組み合わせを柔軟に行うことで目的に照らし合わせた最適なつながりができるようになります。具体的な特徴は以下のとおりです。

①インプット型×インプット型

事前でしっかりと必要知識を身につけ、講義で知識を活用したアウトプットを実践し、課題を発見したうえで、事後にて更なる知識補完や理解度をチェックする。

目的別活用事例としては、ポータブルビジネススキル向上など、個々人のスキル（技術）を徹底的に高めたい場合。

②インプット型×アウトプット型

事前で必要知識を身につけ、講義でアウトプットを実践し、事後では、講義でのアウトプットを実践的に試しスキル定着を狙う。

目的別活用事例としては、実践的な課題解決プロセスなど、職場や個人の課題解決など講義中のみではそのアウトプットを具体的に試せない場合。

③アウトプット型×インプット型

事前で考えを整理し、講義で拡散&収束させて、事後においては更なる仮説検証や情報収集でよりアウトプットを精緻化し実践に活かすことを狙う。

目的別活用事例としては、マーケティング立案など、知識と仮説立案のみならず、継続して仮説検証サイクルを必要とする場合。

④アウトプット型×アウトプット型

事前で考えを整理し、講義でさらに深堀りを実施し、事後において最終的な成果物を提示することで具体的なアクションにつなげていくことを狙う。

目的別活用事例としては、新規事業開発や戦略立案の提案、チームや個々人の現場での実施後の振り返りなど、今後のアクションへの意思決定や具体的な行動など、現場でのＰＤＣＡを回すための成果物を重視する場合。


このようなイメージになります。

さらにオンライン研修のメリットは、事前や事後、インプットやアウトプットにかかわらず、自宅や職場など、場所の制約を受けることなく、さらに、全員が一同に集まることなく、対チームごと、対個人ごとという形で短時間でのオンライン対談やフィードバックが行えることになります。短時間×複数回という実施が可能になることで、より組織ごと、チームごと、個人ごとに抱える課題に柔軟に対応できることも大きなメリットのひとつとなります。

ぜひ、「Pre（事前課題）」と「Post（事後課題）」を「On（オンライン研修実施）」の成果最大化のために柔軟に組み合わせて設計していくことをお勧めします。

図31 オンライン研修における事前課題の種類、事後課題の種類

「On」研修実施時の効果を最大化する
「Pre（事前課題）」と「Post（事後課題）」を用意する。

事前課題	事後課題（アクション）
インプット型 ・WEB動画視聴 ・課題図書熟読 など、講義に必要な知識を補う	インプット型 ・WEBテスト&理解度チェック ・仮説構築&検証の情報収集 など、さらに必要な知識の補完
アウトプット型 ・環境分析シート作成 ・課題整理シート作成 など、講義で使う 自分の考えを整理	アウトプット型 ・実際のプレゼンや提案の成果報告 ・戦略実現に向けたアクションと振り返り など、身につけたスキルの実践

①インプット型×インプット型
知識を習得し、講義で実践し、自身の課題を再確認して補完
②インプット型×アウトプット型
知識を習得し、講義で実践し、現場で試すことによるスキル定着
③アウトプット型×インプット型
考えを整理し、講義で拡散&収束し、仮説検証サイクルを回す
④アウトプット型×アウトプット型
考えを整理し、講義で深め、現場で実行することでPDCAを回す

「事前・事後」共に、インプット型かアウトプット型に整理し、その掛け合わせで目指す成果を最大化する

7

グループ演習は事前設計がすべて

●段取り分

先ほどまで、「Pre」「On」「Post」の「Pre」「Post」について解説してきました。ここから話を「On」の部分に戻していきましょう。

オンライン研修のグループ演習は通常、グループ別にバーチャルな〝部屋〟の中で行われます。集合型式研修と違う点は、講師がすべてのグループを見渡せないことです。

もちろん講師が各部屋にこまめに入ってサポートすることはできますが、ひとつの部屋に入っている間は、別の部屋で起こっていることを把握できません。

オンライン研修でのグループ演習は、基本的には一度走り出したら講師のサポートや軌道修正が難しいことを前提として、緻密に設計する必要があります。仕事の進め方には「段取り七分」という言葉がありますが、オンライン研修のグループ演習は「段取り十分」を心がけてください。緻密な演習設計のポイントをいくつか紹介します。

●ねらいとアウトプットイメージ

受講者が演習に臨むにあたり、なぜその演習に取り組むのかを理解していないと、演習での質の高いアウトプットが出にくくなります。演習に取り組む前に、研修全体の中での本演習の位置づけ、演習の目的とゴールを明確にしてください。目的とゴールを文字で明記して、受講者の目に留まるようにしておくと、さらに効果的です。

またアウトプットイメージも共有しておくことで、議論をまとめやすくなります。必要ならば議論するためのフレームワークも事前に提示することで、受講者が演習の本質的な部分に注力しやすくなります。たとえばある論運に関して、メリットとデメリットのフレームを提示して、それにそって議論してもらうなどです。

●演習を実践する際の注意点

オンライン研修のグループワークでは、あらかじめ必要十分な時間を必ず確保するようにしてください。集合型のように、進行状況に応じて柔軟に時間を延長することは難しいです。もし時間より早く終えるかもしれないグループのために、時間が余ったときにやること（感想を共有する等）も事前に決めておけば、さらに効果的です。

演習の実践時のファシリテーター、タイムキーパー、書記等の役割や、議事メモの共有ツール等も、事前に決めておけば効率的に時間を使えます。グループワークが開始されても受講者が遠慮し合って誰も議論をリードしない。あるいは、議論は盛り上がったが誰も記録をとっていない。そんな状況になっていたとしても、講師はタイムリーにサポートできません。受講者が演習の本質的なところ以外で時間や労力を割かれることがないよう、必要な役割は決めておきましょう。

●発表とフィードバック

演習に入る前に、講師は発表形式・内容について明確に伝え、グループワーク中に発表者を決めてもらうことで、実際に発表する段階になって、誰が発表するかでまごつくような時間もなくなります。発表時間はなるべく短く、結論と根拠がはっきりわかるように発表することを受講者に意識づけましょう。オンラインだと相手の反応が見えにくく、つい時間をかけて話してしまう方もいますので、注意してください。

質問やフィードバックのルールも明確にしましょう。お勧めはチャット機能を使うことです。テキスト情報のため、発信者の論旨がわかりやすくなりますし、人前で話すことが苦手な受講者も気軽に発信することができるため、参加しやすくなります。

図32　事前の演習設計が肝

	緻密な演習設計のチェックポイント
ねらい	□研修全体の中での演習の位置づけが明確である □演習の目的とゴールが明確である
アウトプット	□アウトプットイメージが明確になっている □議論に必要なフレームワーク等のサポートツールが設定されている □アウトプットの保存方法が決まっている
時間	□ゴールに到達するために必要十分な時間が設定されている □時間が余った時にやることが決まっている
役割	□ファシリテーター、タイムキーパー、書記、発表者が決まっている □一人に負担が偏っていない
環境	□議事をメモするツールが準備されている □システムトラブルが起きたときの時の対応集がある
発表	□発表者数、発表内容が明確になっている □発表時間が長すぎない □質問のやり方、タイミングが決まっている
フィード バック	□質疑応答にはチャットも活用する。 □チャットを利用し質疑応答ができる反応を

演習で成果が出るかは、事前設計次第!

8

学びの質を高める良い問いとは

●学習効果に大きな影響を与える質問の質

オンライン研修において、講師からの一方的な説明を続けることは避けるべきです。PC画面に映る講師の話を聴くのに集中できる時間はせいぜい60分くらいでしょう。できればその60分間を20分ずつに区切り、その中で頻度よく、効果的な問いかけを入れていきたいものです。

ただし、「講師の一方的な説明が続くとよくないから、とにかく参加者に発言してもらおう」と、その場の思いつきで投げかけられる質問には、その後の流れを悪くしてしまったり、時間のロスにつながったりするリスクの大きいものが多いようです。

研修で行うことにはすべてに「目的」があります。何を達成するための質問なのかをしっかりと意識し、質の高い問いを心がけてください。それが、参加者全員の理解を確認しながらの効果的な学習につながります。また、参加者全員に主体的な参画を促すことにもつながっていくのです。

●気づきを促す良質な「問い」

質問によって達成される目的には、次のようなものが考えられます。

①講師の説明が連続することによる集中力の低下を避ける
②参加者が能動的に参画できる時間をつくる
③参加者の理解度を確認する
④参加者の抱える問題を確認し、解決策を考える

これらを実現するために、一般的には「クローズド質問」と「オープン質問」という大きく2つの質問が使われます。

クローズド質問とは、YES／NOや数字、単語など、ひと言で答えられる質問のことです。事実を確認したり、内容を確認したり、収束させる、コンセンサスを得るときなどに使います。他方オープン質問とは、YES／NOや数字、単語など、ひと言で答えることのできない質問のことです。相手の考えや、意見などを引き出したり、深めたり、広げていくときなどに使います。特にオンラインでの研修においては、受講者が全員音声をミュートにしている中、ひとりだけミュートを解除して発話する必

図33 効果的な質問の使い分け例

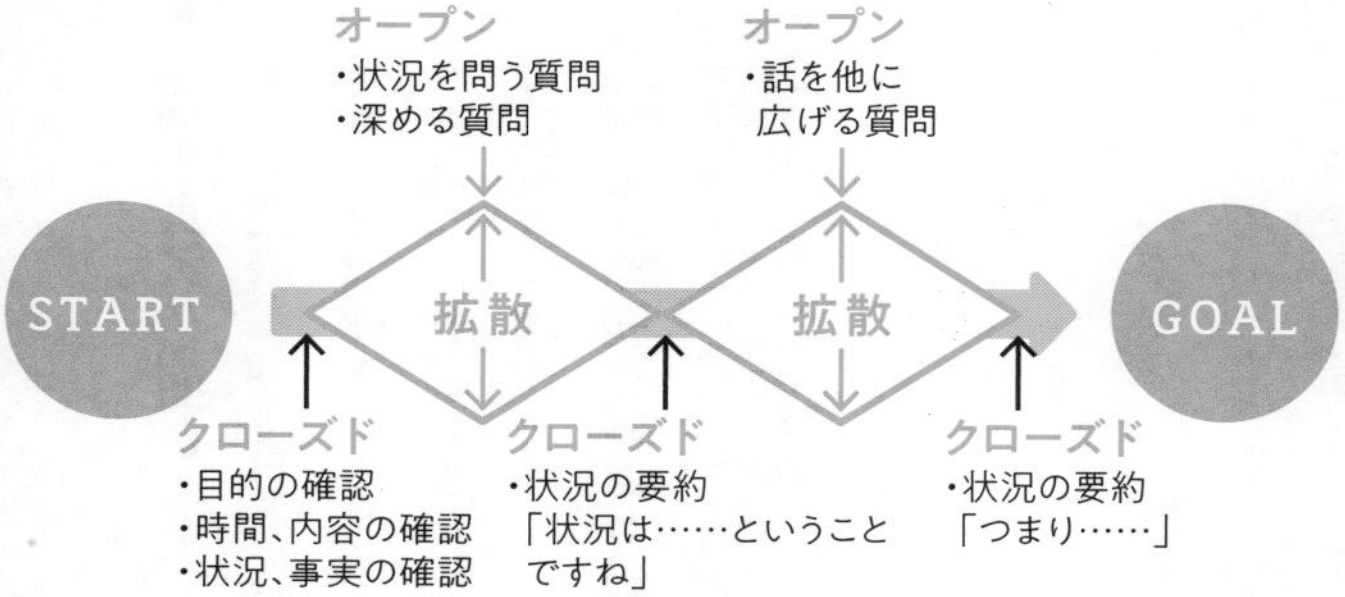

クローズド質問による確認・要約が的を射ていれば、相手は話したくなる

要があることから、対面の研修と比べて発話のハードルが高くなっています。最初の質問は、比較的答えやすいクローズドの質問から入るといった配慮が必要となります。ある程度場が温まってきてから、オープン質問で論点を深めたり、広げたりするといいでしょう。

●クローズド質問で注意すべき点

クローズド質問をする上で注意すべき点は、相手の言葉を引き出すことが難しいので、対話が発展しづらいということです。特にオンラインですと、「はい」あるいは「いいえ」のひと言で終わってしまうことが多いです。たとえば講師から、次のような質問をされたら、皆さんは何と答えるでしょうか。

「○○についてはAだと思いますよね？」

「理解できましたか？」

「ここまでの内容は、役に立ちそうですか？」

「はい」という答え以外になかなか思いつかないのではないでしょうか。これらのクローズド質問から、講師が求めている答えは「はい」のみです。そもそも「いいえ」という答えは想定されていないので、実際には問いかけになっていません。

これらの質問を改善すると、下記のような問いになります。

「○○についてA、B、Cという選択肢があるなら、どれが良いと思いますか？」

「学んだ内容のうち、〝理解できた！〟と思う点を2つ、〝もう少し説明が聞きたい〟と思う点を2つあげていただけますか？」

「ここまでで、役に立つと感じたことはありましたか？　それはどの点でしたか？」

●オープン質問で注意すべき点

オープン質問は抽象度の高い質問をしてしまうと、受講者からの答えが表面的なものになってしまうことが多くあります。例をみてみましょう。

「ここまでを振り返って、気づきを自由に話し合いましょう」

対話を促す良い質問に見えるかもしれません。しかし、こうしたオープン過ぎる問いかけからは次のような答えが返ってくることが考えられます。

「自分はできていないと思いました」

「いろいろ考えさせられました」

これらの答えは抽象度が高すぎて、いったい何をできないと思ったのか、今後の自分の行動にどうつなげていくつもりなのかといったことがまったく具体化されていません。原因は質問の抽象度が高すぎるところにあるのです。また、

「よくわかるけど、何か机上の空論だね」

「うちの会社の現実感とはあんまり合っていない気がする」

といったネガティブな方向に話が進むことも考えられます。

また、次のような問いかけではどうでしょうか？

「良いリーダーとはどんなリーダーでしょう？」

これもよくある問いかけのパターンですが、こちらも質問の抽象度が高いために、何を答えて良いかピンとこなかったり、教科書的な答えしか出てこなかったりするケースです。

「いままで出会ったリーダーで、良いリーダーだったと思う人を思い浮かべ、どうい

う言動が良かったのか具体的に書き出してみてください」というように、受講者の経験からの話とすることで具体的な話がしやすくなると思います。

クローズド質問、オープン質問以外に、一般的な質問として5W1Hがあります。「Where（どこ）あるいはWhich（どれ）」「What（何）」「When（いつ）」「Who（だれ）」「Why（なぜ）」「How（どのように）」を意識することで、さらに質問の幅を広げていくことができます。

いずれを使うにせよ、オンラインは対面での研修と比較すると声をあげづらいという特性を持ちます。参加者が答えやすい問いかけをすることをぜひ心がけてください。

図34 質問の種類から考える“悪い質問”と改善例

クローズド質問
Yes/Noや単語で
答えられる質問

悪い例：
「……についてはAだと思いますよね?」
「理解できましたか?」
「ここまでの内容は、役に立ちそうですか?」

改善のポイント：
問いかけているファシリテーターが「はい」という答えを求めてしまっているため、「はい」という答え以上のものへ発展させられない。特にオンラインにおいては尋問のように聞こえる。

改善例：
「……についてABCという選択肢があるなら、どれが良いと思いますか?」
「学んだ内容のうち、“理解できた!”と思う点を2つ、“もう少し説明が聞きたい”と思う点を2つあげてください」
「ここまでで、役に立つと感じたことはありましたか? それはどの点でしたか?」

オープン質問
Yes/Noや単語だけで
答えられない質問

悪い例：
「ここまでを振り返って、気づきを自由に話し合いましょう」
「良いリーダーとはどんなリーダーでしょう?」

改善のポイント：
特にオンラインでの対話では、表面的な話で終わってしまうことが多くなる。また、ネガティブな方向に話が進むこともある。質問をオープンにしすぎると、何を答えてよいかがわかりにくくなるので注意が必要。

改善例：
「ここまでを振り返って、気づきとして大きいものを3つあげてください。その3つについて、職場でどう実践するか、具体的に書いてみてください」
「いままで出会ったリーダーで、良いリーダーだったと思う人を思い浮かべ、どういう言動が良かったのか具体的に書き出してください」

9

効果的な学習のためのインストラクション

●インストラクションの大切さ

受講者が研修に主体的に向き合うためには、参画や振り返りの機会が欠かせません。そこで必然的に多くのアクティビティやディスカッションに取り組んでもらうことになります。

アクティビティやディスカッションは、良好な運営のもとで初めて効果を生みます。言いかえれば、それは講師のインストラクション次第ともいえます。つまり、どれだけ素晴らしい研修を設計して、的確なアクティビティをデザインしたとしても、インストラクションがうまくなければ効果的な学習にはならないのです。

ここからは、アクティビティやディスカッションをスムーズに運営するために、何に注意をしてインストラクションを行えばよいかについて考えていきます。

●インストラクションの失敗

特にオンライン研修でグループワークなどを行う場合、インストラクションが不明確だと、いざグループワークが始まってから何をしてよいかわからず、受講者が混乱したり、思わぬ方向に進んでしまったりということが起きます。また、アクティビティからのアウトプットが浅いものに終わるリスクも高くなります。学習効果も低下し、時間の無駄遣いになってしまいますから、それは何としても避けたいところです。

「もう一度説明をお願いします」という声が出たり、一部のワークしかやらないグループが出たり、あるいは期待していたアウトプットのレベルと比較して深掘りが不十分であるような場合には、インストラクションを見直していく必要があります。

●インストラクションのポイント

わかりやすいインストラクションのポイントをいくつか紹介します。

①何をやってほしいのか、最終的なアウトプットから伝える

「これからペアになって、おすすめのお店について交互にプレゼンをしていただきます。相手からそこに行きたいと言ってもらえれば成功です」というように最終アウト

プットから伝え、その後に具体的な進め方などを説明します。

②5W1Hを使って具体的に伝える

Who（誰が）、What（何を）、Why（なぜ）、When（いつ）、Where（どこで）、How（どのように）を意識し、具体的にやるべきことを伝えます。「このくらいわかっているだろう」「きっとできるだろう」という過信は禁物です。講師側は何度もアクティビティを経験して流れを熟知しているかもしれませんが、受講者は初めて経験するのです。

③受講者が講師に注目していることを確認する

オンライン研修で参加者が多い場合、対面での研修と異なり、全員の顔を確認するのは大変かもしれません。しかしここはできるかぎり全員の顔を一覧して、こちらに注目していることを確認してからインストラクションを始めましょう。

④インストラクションシートを参照できるようにする

ZOOMなどを利用した研修では、グループごとに分かれたアクティビティやディスカッションの間、受講者はインストラクションシートを見ることができません。グループに分かれる前に共有画面に映っているインストラクションシートをスマホのカメラで撮影してもらうか、あるいは事前にシートを配布するなどして、グループワーク中に参照できるようにしておきましょう。

⑤受講者の理解を確認してから始める

アクティビティやディスカッションの前に、きちんと理解してもらえたかどうかの確認は重要です。このとき「大丈夫ですか?」といった問いかけは避けましょう。「大丈夫ではないです」とは言いづらいものです。「確認したいことはありませんか?」などと問いかけを工夫するとよいでしょう。

図35 インストラクションシート

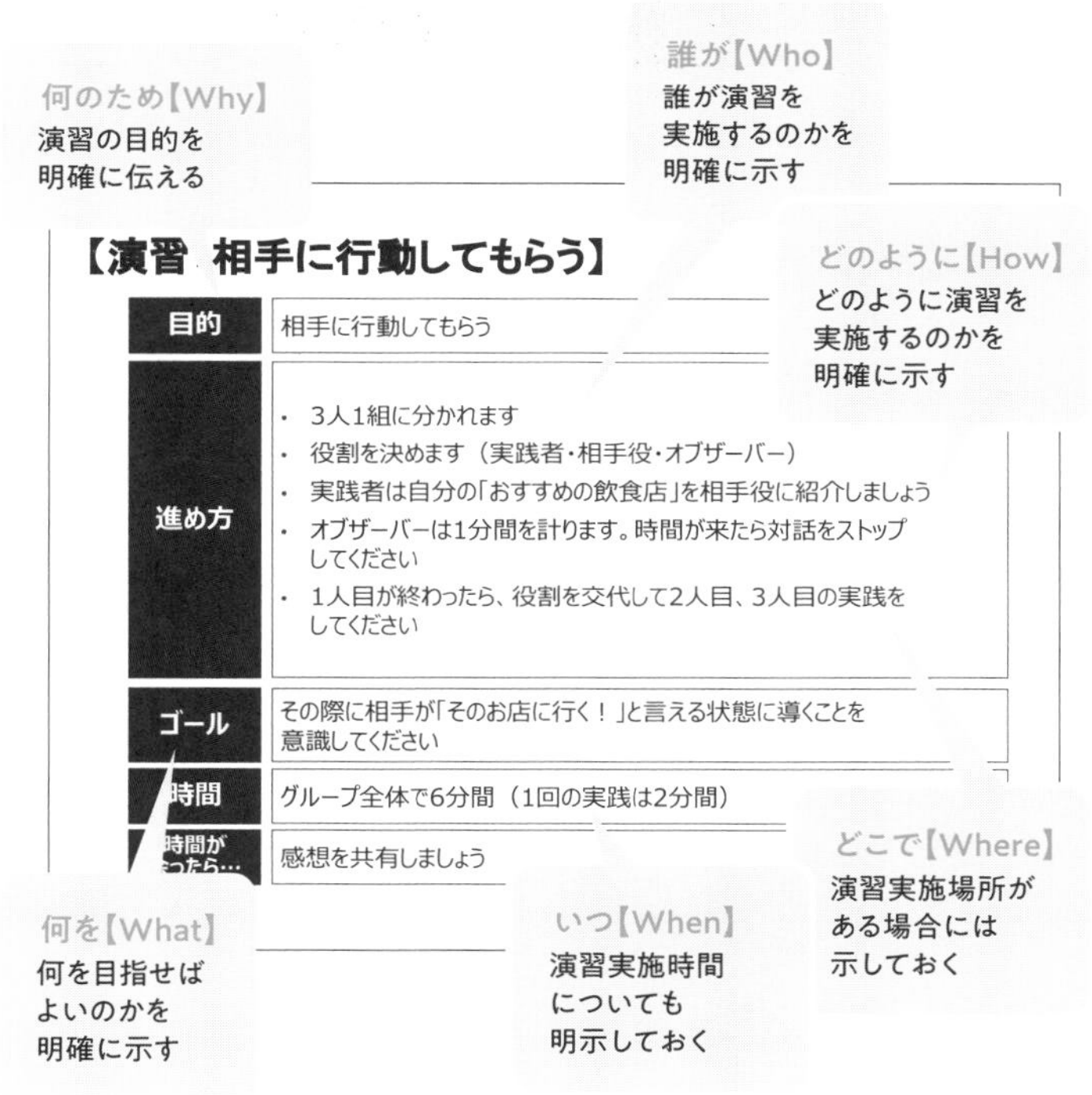
何のため【Why】
演習の目的を
明確に伝える
誰が【Who】
誰が演習を
実施するのかを
明確に示す
【演習 相手に行動してもらう】
目的
相手に行動してもらう
進め方
・ 3人1組に分かれます
・ 役割を決めます（実践者・相手役・オブザーバー）
・ 実践者は自分の「おすすめの飲食店」を相手役に紹介しましょう
・ オブザーバーは1分間を計ります。時間が来たら対話をストップしてください
・ 1人目が終わったら、役割を交代して2人目、3人目の実践をしてください
ゴール
その際に相手が「そのお店に行く！」と言える状態に導くことを意識してください
時間
グループ全体で6分間（1回の実践は2分間）
感想を共有しましょう
どのように【How】
どのように演習を
実施するのかを
明確に示す
どこで【Where】
演習実施場所が
ある場合には
示しておく
何を【What】
何を目指せば
よいのかを
明確に示す
いつ【When】
演習実施時間
についても
明示しておく

オンライン研修における演習では、
5W1Hに沿った明確なインストラクションが必須

10

オンラインだからこそフレームワークを使いこなす

●文字だけでは情報の構造を理解できない

文字の多い投影資料は、特にオンライン研修においては多くの問題を生じさせます。文字を中心に構成しているがために、その内容や要素、関係性などを理解するのに時間がかかってしまうからです。

また対面での研修と比較して、受講者の理解度合いを講師が把握するのにも時間がかかります。さらには、文字だけの投影資料では受講者の記憶に定着しにくいという欠点もあります。つまり、文字を中心に構成された研修資料は、「理解、記憶、伝達」というさまざまな面で問題が多いことになります。

投影資料はできるかぎり図表を使うこと、また手もとのホワイトボードや画用紙なども活用するなど、ビジュアルを駆使して進めていきましょう。

図表の基本は四角と矢印

図表化と聞いて不安に思った方もいるかもしれませんが、心配ご無用。なぜなら図表の基本パターンは四角と矢印の組み合わせで、実はとてもシンプルだからです。

図表化は物事を抽象化、パターン化することに目的があります。パターン化されれば、研修会場を出て、自分の職場に戻った後にも類似性を見つけることができるようになります。研修の目的はあくまで実務上の成果です。この目的に照らし合わせても、図表化は大きなメリットがあるといえるでしょう。

最初は2つの四角をつなぐだけでOK。慣れてきたらさまざまな軸を組み合わせて、棒グラフ、円グラフ、マトリクス図などを作成してみてください。

思考の型（フレームワーク）を使う

フレームワークとは「思考の枠組み」であり「考え方の方程式」です。ある物事に対して考えをまとめるときに、「型」にあてはめてみることで、効率的に考えを進めていくことができます。

ただし、フレームワークは決して正解を教えてくれるものではありません。あくまで考え方のパターン化ですから、どのフレームワークを使ってどう考えるかは自分次

図36 図表のバリエーション

関係をあらわす

分解して整理する

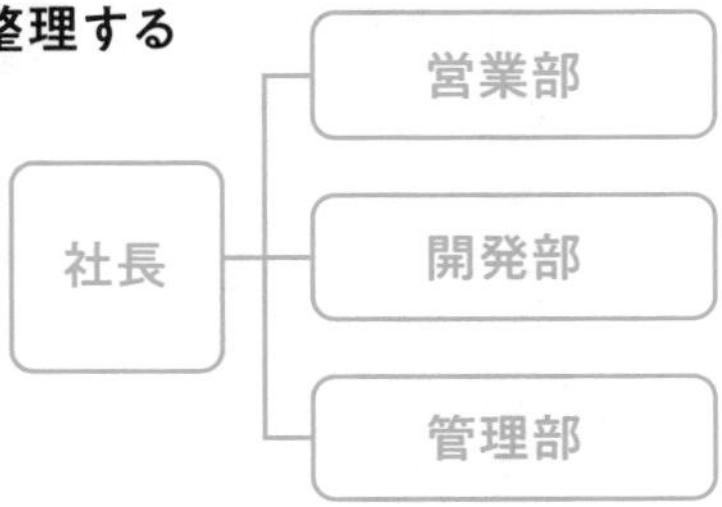

分解の軸

①要素に分解（部で分解）
②量で分解（事業ごとの売上で分解）
③割合で分解（事業の売上構成で分解）
④変数で分解（エリアを縦軸、商品を横軸で分解）
⑤評価軸で分解（機能を縦軸、デザイン性を横軸で分解）
⑥時間軸で分解（年間売上を月別などで分解）

第ということになります。

フレームワークは、目的によって無数存在していますが、大きく6つのパターンに分けられます。

①階層状に示す「ツリー型」
②異なる2軸の組み合わせで示す「マトリクス型」
③時間的な流れを示す「フロー型」
④相互依存関係を示す「サテライト型」
⑤循環的なフローを示す「サイクル型」
⑥数量の変化を示す「グラフ型」

オンライン研修の際はこれらを事前に頭に入れておき、ホワイトボードなどを用いて共有していきます。たとえば「新しいプロジェクトの改善方法」というテーマなら、PDCAサイクルの図をホワイトボードに描きながら話してはどうでしょうか。

●オンライン研修で使いやすいフレームワーク

オンライン研修で使いやすいフレームワークは、シンプルで直感的に理解しやすく、かつ文字要素の少ないものです。たとえば、シンプルなT型チャートや3C分析の図

図37 フレームワークの6つのパターン

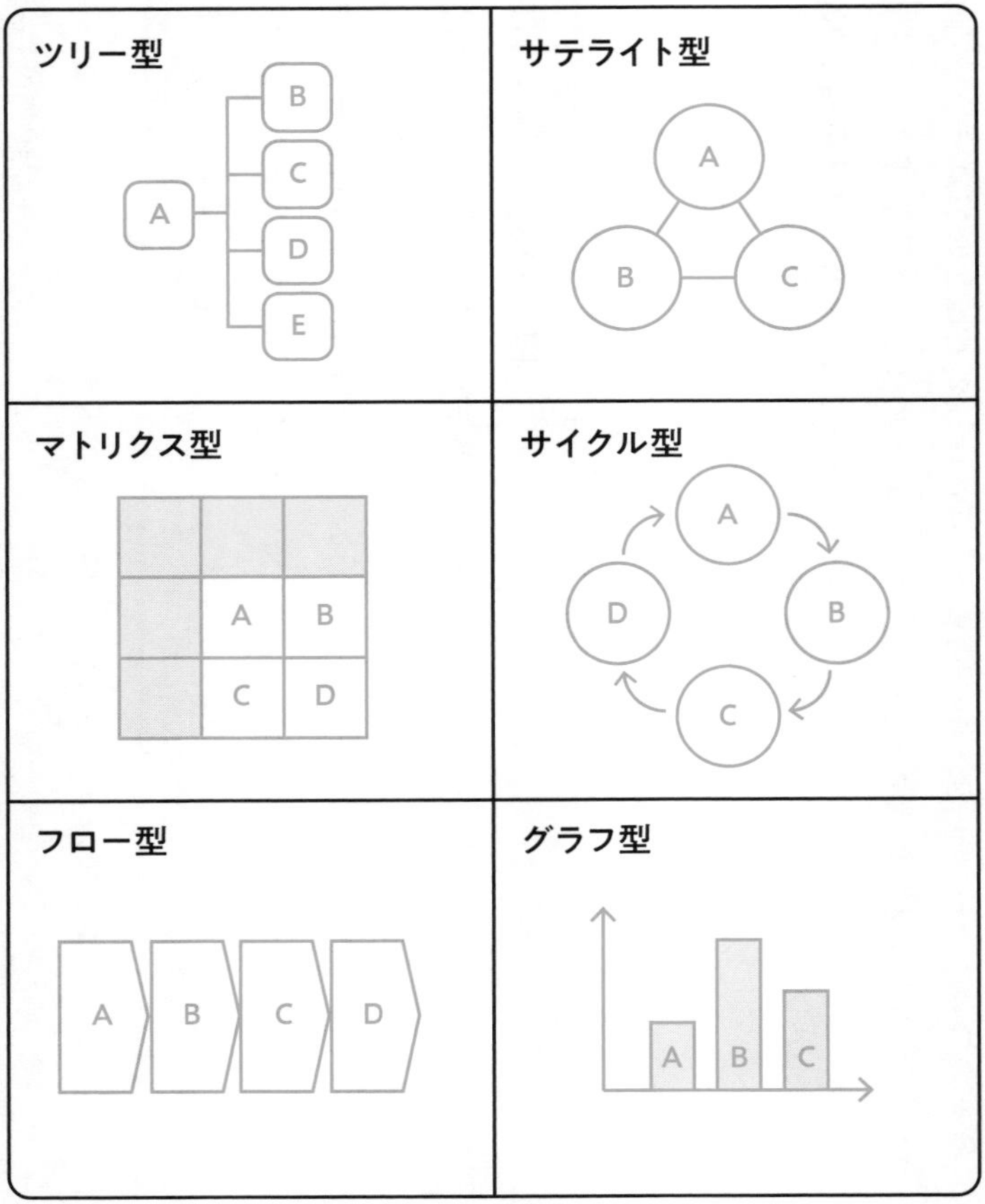

などは最も使いやすいフレームです。また、グループ演習をする際に作業しやすいフレームワークもオンライン研修との親和性は高いでしょう。たとえばオンライン上で柔軟かつ自由に作業のできるマインドマップなどがそれにあたります。

一方、ＳＷＯＴ分析のように文字が多く入っているものや、フィッシュボーンのように因果関係を順序立てて組み立てるもの、あるいは複雑なロジックツリーのように、読み込んで理解するのに時間のかかるものは少々使いづらいかもしれません。

図 38 オンラインで使いやすいフレーム

使いやすいもの

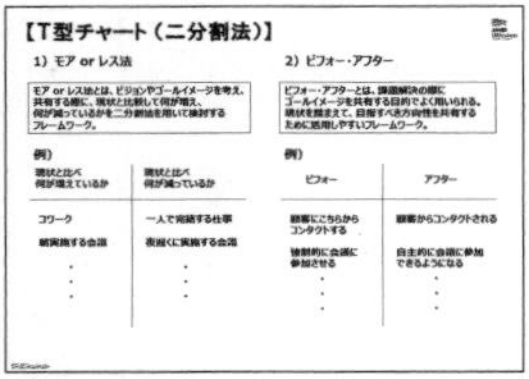

T型チャートなど
シンプルで文字の少ないもの

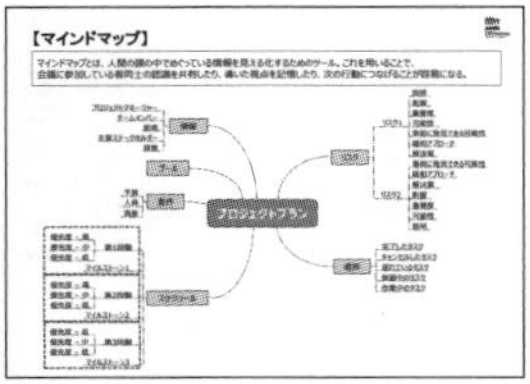

マインドマップなど
ランダムに作図できるもの

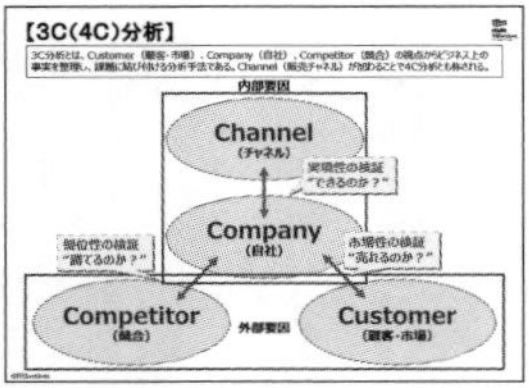

3C分析など
見てすぐに理解できるもの

使いにくいもの

SWOT分析など
細かく文字の多いもの

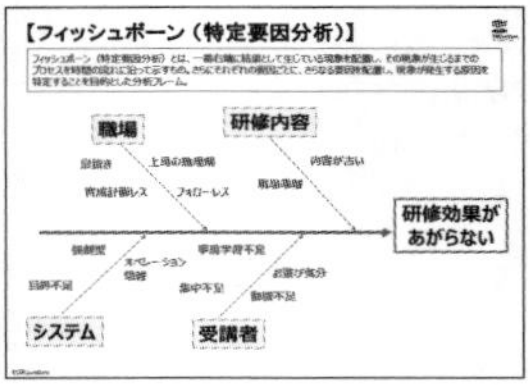

フィッシュボーンなど
順序だてて作図していくもの

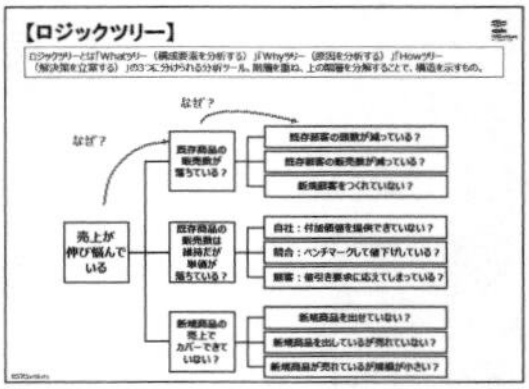

ロジックツリーなど
複雑で理解に時間がかかるもの

11

グループワークは タイムマネジメントがカギ

●受講者を迷子にさせないことが一番

オンライン研修を実施するうえで肝となるのが「ワーク（演習）」の時間です。このワーク時間をいかに効果的かつ効率的に使うか。それこそがオンライン研修の成果を大きく左右します。そして、このワーク時間をどれだけ上手にマネジメントできるかが、講師の大きな腕の見せどころでもあります。

ワーク時間で気をつけるべきポイントはいくつもありますが、なかでも最も注意を払うべきは、「受講者を迷子にさせない」ことです。では、迷子にさせないためにはいったい何をすればいいのでしょうか。

ここではあえて逆のケースを考えてみましょう。一般に、皆さんが迷子になってしまうのはどんなときでしょうか。おそらく、大きく次の2つに集約されます。

①全体像が見えなくなってしまったとき

②今の自分の居場所がわからなくなってしまったとき

つまり、オンライン研修でワークの指示などを出す際には、「全体像を示す」「いまの居場所を教えてあげる」という2点を意識する必要があるのです。それでは、①②それぞれについて見ていきましょう。

●「演習の全体像」を提示する

オンライン研修で演習のインストラクションを行う際に気をつけるべきポイントは、先述のとおり、5W1Hに沿った明確なインストラクションです。そして、それら演習の全体像をパワーポイント1枚の「演習指示スライド」にして投影しておけば、受講者が迷子になるのを防ぐことができます。

オンライン研修では、特に受講者が多い場合、受講者全員の顔（表情）を細かく確認するのが困難なときもあります。また、グループに分かれて演習を行う際は、講師が同時にすべてのワークに顔を出すのが難しいため、一度、受講者が迷子になってしまうとそこで余計な時間を使うことになり、極めて非効率な時間の使い方になってしまいます。ぜひ「演習の全体像」のわかりやすい明確な指示を心掛けましょう。

「進め方とゴール（成果物）のイメージ」をきちんと混乱がないよう伝えることも大切です。オンライン研修におけるワークの成果物は、「口頭発表」ではなく、可能なかぎり「パワーポイントなどのスライド」にしましょう。そして、そのゴール（成果物）のイメージスライドを演習時に提示し、各グループがダウンロードできるようにしておくと、演習をスムーズに進めることができます。

逆に、それらの提示がない場合、演習後に各チームで作成した成果物の質・量に大きなバラツキが出やすくなってしまうでしょう。

このように、演習成果物の質・量のバラツキを押さえる意味からも、「成果物を保存できる」というメリットがあることからも、極力、演習の成果物は具体的なモノにするよう指示の仕方を心がけましょう。

●いまの「居場所」を教えてあげる

「居場所」を教えてあげるとはつまり、演習中に「ワークの進捗に気づかせてあげる」ことです。

演習の時間管理に関して、基本的には演習の残り時間は各グループで自己管理していただくことが望ましいですが、稀に終了時間を誤って解釈しているケースなどがあります。また、先にも述べたように、グループに分かれてしまうと、ワークの進捗は自分たちのチームしか見えなくなります。集合型研修であれば、隣のグループを横目で見て、「まずい、ちょっと他のグループよりも遅れているぞ」など、自グループの進捗を相対的に確認することも可能です。しかしオンライン研修の閉じた状態でのグループワークでは、その進捗に気づかせてあげるのは講師の役割になるのです。

必要以上に関与する必要はありませんが、明らかに演習の進捗が遅れているグループには、その「居場所」を教えて手を差し伸べるなどのフォローをしてもいいでしょう。

●グループワーク中に講師が気をつけること

ちなみに私の場合、ワークの前半、中盤、後半と、各グループを回りながら以下のような内容を確認するように心がけています。

【ワークの前半】

・グループの全体的な雰囲気は良好か？

・講師から指定されたとおりに、あるいは、自発的にリーダーを決めて進めているか？
・ワークの進め方や成果物について「迷子」になっているチームはないか？

【ワークの中盤】

・リーダーや他人まかせで、ワークを傍観している受け身の受講者はいないか？
・意見が大きく食い違い、対立するなど雰囲気が悪くなっているチームはないか？
・ワークの時間配分は適切か？

【ワークの後半】

・指示をしたとおりのアウトプットが用意されているか？
・残った時間で一定のアウトプットを出せそうか？
・余ったワーク時間を無駄に過ごしてしまっていないか？

こまめに各部屋を回りながら、こうした項目を確認して軌道修正の手助けをしてあげることで、期待した時間内に、期待したクオリティに成果物を出してもらえる可能性が高まります。

さらにいうと、すべてのグループワークが、講師の期待した時間内で完璧に完成するとは限りません。その意味からも、全体のコンテンツを時間ぴったりに詰め込みすぎないよう、余裕を持たせたボリュームで用意しておくことが大事になってきます。

●休憩時間のタイムマネジメント

オンライン研修時には休憩時間にも講師は受講者に対して細やかな配慮をすべきです。具体的には、**「休憩からの戻り時間を明示する」**ことです。たとえば、次のような工夫をするといいでしょう。

①チャットに戻り時間を書き込んでおく
②投影資料に「休憩○時○○分まで」と書いて投影する

オンライン研修では、受講者がオフィスや自宅などバラバラの場所から受講するケースがほとんどのため、受講者が休憩時間の戻り時間を失念してしまうことがあります。特に自宅で受講をされている方が昼食後の戻り時間（午後の開始時間）を忘れるといったケースが散見されます。休憩後に全員が揃わないと始められない講義や演習もあるはずです。ぜひこうした細やかな配慮をすることで、限られた研修時間を有意義に使えるようにしたいものです。

●あれもこれもと盛り込みすぎない

オンライン研修にかぎらず、対面の研修時などでもしばしば見られることですが、「限られた研修時間の中に、多くの講義・演習内容を詰め込みすぎる」ケースがあります。「時間が余ったらどうしよう」「研修が早く終わって、最後にやることがなくなってしまったら大変だ」という意識が強く働きすぎて、こうしたケースに陥ってしまうことが多いと思います。

しかしオンライン研修では、集合型の研修と比較して、、同じ講義や演習を進めるにしても、多くの場合、より丁寧な説明（オンライン研修自体の進め方の説明や、ツールに慣れていない方へのフォロー、演習の進め方に関する詳細の指示、など）が求められるため、対面型よりも若干、余裕を持たせた時間確保が必要となります。

ですから講師が研修設計をする際には、そもそもの研修コンテンツにあれもこれもと盛り込みすぎてバタバタにならないように意識しておくことが大切です。ざっくり考えて、集合型研修時の7〜8割程度のイメージでちょうどいいでしょう。

第4章

オンライン研修のノウハウ・ドゥハウ（受講者・事務局編）

1

いい場をつくる受講者・事務局の特徴

●オンライン研修の場づくりは講師だけの仕事ではない

オンライン研修での学びを最大化するためには、講師のファシリテーション力だけでは限界があります。講師の力だけで場づくりができるのなら、ライブ型のオンライン研修ではなく、Eラーニングで十分です。オンライン研修の良さを最大限に発揮するには、事務局・受講者が主体的に場づくりに参加することが必要不可欠です。それでは、事務局・受講者はどのように場づくりにかかわっていけばよいのでしょうか。

●重要なのは「矢印」の本数

比較のために、まずは集合型研修での場づくりについて見てみましょう。

集合型研修においては、講師が触媒となって、受講者から吸い上げた意見に重ねてコメントしたり、受講者同士の意見交換を促したりして、受講者自身が学び、気づきやすくするためのさまざまな工夫を行います。受講者自ら発信や質問を行うこともありますが、それらは一度講師を介して場全体や他の受講者への学びへと転換されます。また事務局のかかわり方は、研修がスムーズに進行するための講師サポートと、一部のグループワークへの参加など、「場の外側」からの関わりにとどまりがちです。

一方で、オンライン研修の場合は、チャット機能などを活用することで、講義の進行中であっても、受講者が自由なタイミングで、講義内容についての質問や気づきの共有などを行うことができます。そして、事務局も研修の場をつくるメンバーの一人として、受講者の気づきに対するコメントを送ることや、時には受講者と同じ目線で講義に対するコメントを発信することもできます。

このように、オンライン研修では、その場にいる全員が双方向に「矢印」で結ばれることで場が活性化され、学びが最大化されていくのです。

●いい場をつくる事務局とは

では、具体的に事務局や受講者はどんなかかわり方を意識するとよいのでしょうか。

「事務局」とは、メイン・サブ講師とは別に、研修のスムーズな運営のためのテクニカルサポートや受講者の受講状況の確認・フォローを行うサポートメンバーです。多くの場合、研修企画部門の方が担当されています。

事務局には、大きく分けて2つのアクションが求められます。

ひとつめは、**受講者の気づきやコメントに対して反応を返していく**ことです。実際に私たちの実施したオンライン研修においても、事務局が講義内容を実際の業務に結びつけて発信したり、良い意見を出した受講者に対して称賛の言葉を送ったりすることで、受講者が発言しやすい空気をつくることに一役買ってくれています。

2つめは、**講師とのかけ合い**です。オンライン研修では基本的に受講者はミュートの状態で進行することが多く、講師はどうしても孤独をおぼえがちです。内心、「ちゃんと受講者に伝わっているだろうか」と不安を感じることもあります。そんなとき、研修の企画段階から一緒に取り組んでいる「仲間」である事務局がたくさんリアクションを取ってくれると、講師は非常に安心して進行できます。パーソナリティとアシスタントがかけ合いながら進行するラジオのようになれば理想的です。

休憩やグループワークに入る前のちょっとしたひと言や感想コメント、受講者からの良い質問のピックアップと講師への投げかけなど、講師との軽快な会話を適宜挟んでいくことで、聞いている受講者にも飽きがこない場をつくることができます。

●いい場をつくる受講者とは

受講者に求められるのは、**「講師と他の受講者への積極的なリアクション」**です。

集合型研修の場においては、アイコンタクトやうなずき・あいづち、発表者に対する拍手などの反応を自然に行うことができます。

一方、オンライン研修では、自分が見つめるのは相手の目ではなくカメラであり、「誰が誰に話しているのか」という意識が希薄になりやすく、その結果、講師や他の受講者に対するリアクションが淡泊になりがちです。「自分は集中して聞いている」と思うだけでなく、できるだけそれを表に出し、リアクションをとるようにしましょう。そうすることで、研修の場が温まっていきます。

また、オンライン研修の特徴として、受講者同士の横のコミュニケーションが取りづらい、というものがあります。リアル研修であれば横にいる受講者とちょっとしたコミュニケーションを簡単に取れますが、オンラインでは難しく、どうしても受講者同士のつながりが薄くなりがちです。せっかく同じ場に集まって受講している仲間ですので、ぜひ他の受講者の発表などに乗っかって、コメントや自分の意見を発信し、お互いに刺激し合うことを強くおすすめします。

2

受講者はリアクションを3倍に

●オンライン研修におけるリアクションとは

オンライン研修では受講者が講師や他の受講者に対して積極的にリアクションすることが大事と書きましたが、実際にはどのようなものが求められるのでしょうか。大きく「非言語」と「言語」のリアクションに分けて紹介します。

●非言語のリアクション①～動きは大きく大げさに

非言語のリアクションとは、相手の視覚に届く反応全般のことを指します。オンライン研修における非言語リアクションは、「身体」と「顔」の2つに分けられます。身体については、「大きく、大げさに動く」ことがポイントです。集合型研修であれば身体全体から発せられる非言語情報を受け取ることができますが、ビデオ会議システムの性質上、講師からは受講者が「小さな四角」の中に胸から上だけが収まった状態で見えます。さらに、受講者は常時ＰＣやタブレットなどの端末を同じ姿勢で注視することになるため、どうしても動きが少なくなりがちです。そのため、受講者にはリアクションを「いつもより3倍大きく」とってもらうことが重要になります。たとえば、画面上で挙手を求める、理解できていたら腕全体で大きく丸をつくってもらうなど、画面上に動きをつけていくことで参加のハードルを下げることができます。

●非言語のリアクション②～デフォルトフェイスを柔らかく

顔については、「表情」がポイントになります。受講者の中には「講義を集中してマジメに聞かなくてはいけない」という意識が強すぎて、真顔で画面を見続ける人が結構多くいらっしゃいます。これは講師から見ると、真顔が20個以上も画面に並ぶことになり、結構なプレッシャーです。集合型研修において講師が数十名の顔を同時に視認することは難しいですが、オンライン研修では画面にすっぽりと収まるため、受講者の表情がリアル以上によく見えます。

受講者の皆さんも、自身の「デフォルトフェイス」（普段意識しないときの表情）が固くなっていないか、画面越しに確認してみましょう。ポイントは口角を上げること。笑顔の受講者がたくさんいることで、講師も安心して講義を進めやすくなります。

●非言語のリアクション③～リアクション機能の活用

オンラインならではの非言語リアクションとして挙げられるのは、「リアクション機能」の活用です。オンライン会議システムによっては、「いいね」や「拍手」「顔文字」など、さまざまな機能が用意されています。

これらの機能の良い点は、ワンクリックでリアクションができることです。ミュートを外して、拍手をして、ミュートをする、なんてやっていたら、リアクションのタイミングを逃してしまいますので、みんなやりません。オンラインではどうしてもリアクションがワンテンポ遅れがちになり、それによってできた微妙な「間」で一気に場が冷めることもよくあります。いかにテンポよく反応していくかが場を冷めさせない鍵となりますので、こうした機能もぜひ有効活用してください。また、画面上にアイコンが表示されるなどの変化が生まれ、飽きづらくなるのもメリットです。

●言語のリアクション～オンライン研修はテンポが命！

最後に、言語のリアクションについてです。ここで言う言語のリアクションには口頭だけでなく、文章によるリアクション・コメントを含みます。

オンライン研修の特性をふまえた言語リアクションのポイントは以下の3つです。

①解答よりも回答

オンライン研修はテンポが命です。一度場が止まってしまうと、一気に場の熱が冷めてしまいます。そのため、じっくりと正解を考えて「解答」を導き出すのではなく、仮説でもいいので自分の考えを「回答」する、ということが重要です。

②Simple & Short

オンラインではリアルよりも発言が長く感じてしまう傾向があります。そのため、リアル以上に結論を先に、メッセージをコンパクトに伝えることが大事です。いわゆるPREP法を意識して発言するトレーニングだと思って取り組んでいきましょう。

③Yes or No

講師からの問いかけがあった際には特に、自分のスタンス・ポジションを明確に示すようにしましょう。その問いに対して自分は「わかっている」のか「わかっていない」のか、「賛成」なのか「反対」なのか。自分の立ち位置を明確に表明することで、講師もフィードバックがしやすくなります。

いずれも、リアル研修においても必要とされる要素でもありますが、よりオンライン研修では明確にして臨むことが重要です。

図39 受講者は
リアクションを3倍に

非言語	言語
□ 身体の動き リアクションはいつもの3倍大きく!	□ 解答よりも回答 正しい答えを出すよりも、まずは参加してみよう!
□ 表情 口角を上げよう! 普段からデフォルトフェイスを柔らかく!	□ Simple & Short 意見・コメントは結論からコンパクトに!
□ リアクション機能の活用 「いいね」や「拍手」は積極的に! 量が大事!	□ Yes or No 自分のスタンス・ポジションを明確に!

非言語・言語メッセージを駆使して、
積極的に場づくりに参加すること!

3

事務局はホスピタリティあふれる対応を

●オンライン研修のホスピタリティとは

受講者に限られた時間をリラックスした前向きな状態で研修に臨んでいただくためには、講師陣のみならず事務局の役割も重要です。

特にオンライン研修の経験が浅い、またはパソコンの操作に不慣れな受講者ほど、研修開始直後はガチガチに緊張している傾向があります。自分は操作についていけるのだろうか、他の受講者の中でおかしな反応をしていないか、という不安が画面越しから伝わってきます。

ここでお伝えする「事務局のホスピタリティ」とは、こうした受講者の気持ちに寄り添い、少しでも不安を和らげて前向きに学びの場に参加し、マインドやスキルの変化につながる工夫を通常の研修運営業務に加えることです。

特にオンライン研修では、対面型研修に加えて変数が増えます。研修前の座席の設定や研修中の休憩時間の飲み物、お菓子の準備などが不要になる反面、バーチャルの研修会場にアクセスできない、また途中で通信が途絶えてしまう受講者への応対などが新たに加わります。このアクセス問題は受講者も混乱したり焦ったりしている場合が多く、相手を安心させる温かい対応が求められます。ここからはそのポイントを一緒に見ていきましょう。

●誰もが安心して学べるための場づくりを！

現在はオンラインシフトの真っただ中。こうした状況下では、受講者のオンライン習熟度が千差万別であることを前提に、事務局は研修の場を準備する必要があります。

【研修前】

適切に事前案内を送付し、受講者が迷子にならずに会場にたどり着けるように誘導することが求められます。日時やＵＲＬ、パスワードはもちろん、推奨されるネットワーク環境やブラウザなども案内できるとよいでしょう。

事前の講師側とのリハーサルは必須です。本番同様のネットワーク環境で講師が用意しているスライドや動画が想定どおり動くか、音声や画像に気になる点はないかをチェックします。容量が重くてうまく動かない、音声が聞こえづらい、などの問題をこの時点で炙り出すことが重要です。

なお、会議ツールに不慣れな受講者向けに、事前講習会を実施すると、当日「できるイメージ」を持っていただいたうえで研修に参加していただくことにつながります。

また、研修開始を待つ間歓迎のメッセージを記入したスライドを映したり音楽を流したりすることも有効です。

【研修中】

開始直後のガイダンスが重要です。ここで受講者が操作で迷子にならないように画面設定を確認し、音声・画像のルールを事前にお伝えします。また、チャットや録画を保存する場合は、ここで参加者に許可を得ておくと、安心して時に自制して研修に臨んでいただくことに繋がります。

また、トラブルへの対応も重要です。筆者の経験上20人いれば1〜2人はうまく会場に入れなかったり、途中で通信環境の問題で落ちてしまったりする受講者が現れます。

こうした受講者と電話やチャットで連絡を取り合って、円滑に会場にたどり着けるようにサポートすることが求められます。

【研修後】

今後の手続きをご案内し、受講者を日常に戻すプロセスが重要です。先に述べたように、オンライン研修ではボタンひとつで日常に戻れてしまいます。退出と共に学んだ内容も飛んでいかないように事後課題やアンケートの有無をご案内し、一連の学びの流れを受講者が理解し記憶に留めることができるような仕掛けが必要です。

また、集合型研修同様に受講者のお見送りも重要です。研修の最後では全員音声と画像をＯＮにしていただき、共に挨拶をしたうえで退出いただくと、表情や声の様子から研修の満足度を把握し、次へつなげることができるでしょう。

図40 事務局のチェックリスト

研修前	研修中	研修中
□研修当日のご案内 研修日時 URLとパスワード 会議ツール □受講環境のご案内 ネットワーク環境 ブラウザ システムダウンロード アクセス方法 □会議ツール操作方法のご案内 マニュアルの送付 講師側とのリハーサル（必要に応じて） 初心者向け講習会の実施 □受講者リスト作成 □待機室の作成 Welcome用スライド Welcome用音楽	□待機室からの移動 研修開始のガイダンス ユーザー名の変更 画面設定の確認 音声と画像のルール □参加ルールのご案内 チャットの保存 録画の保存 □参加者の確認 名簿との照合 遅刻者の入出許可 □トラブルへの対応 入出できない参加者 回線が切れた受講者との連絡 回線が切れた講師との連絡 □休憩時の環境提供 音楽 再開時間	□今後の手続きのご案内 事後課題の有無 アンケートの有無 ダウンロード資料の有無 □退出方法のご案内 □受講者への個別連絡事項 □受講者のお見送り □講師側との振り返りの場の設定 運営面（ハード、ソフト） 内容面 □次回に向けた改善事項抽出

受講者のオンライン習熟度は千差万別
誰もが気後れせずに受けられるように
時に手を取り、時に見守る!

4

オンライン研修後のフォローアップ

●継続的な学習と成長の支援

研修はその終了がゴールではありません。研修終了後に受講者が「何をどう実践し、どのような成果を出すか」というところまでを視野に入れてデザインしておく必要があります。

たとえば皆さんがサックスを習っているとして、ただ漫然とレッスンを続けていくのと、半年後に発表会があることを意識してレッスンするのとでは、随分と心持ちが異なると思います。

研修でも同様のことがいえます。研修で知識、スキルを学ぶということだけを意識して取り組むのと、研修後に何をどのように実践してどのような成果を出すのかをイメージして取り組むのとでは、心持ちが異なるということです。これを、研修前にしっかりと設計して、それを受講者に伝えておくことが必要です。

学習内容の定着のために

エビングハウスの忘却曲線によると、30日間の間に1回しか出てこなかったことは10％程度しか覚えていないといいます。一方、間隔を空けながら6回出てきた場合は、90％もの内容を覚えているそうです。

研修後のフォローを企画する場合もこの点を意識し、例えば研修終了の次の日、3日後、1週間後、2週間後、3週間後、30日後と思い出す機会を創出すると、実に90％もの内容を覚えているということになります。次の日には、振り返りレポートの作成、3日後にはそれを使った上司への報告、1週間後には業務に適用してみての感想、2週間後には受講者と共有、というように内容を変えて30日間実施することをおすすめします。

研修内容の実践に向けて

研修後のフォローアップとして考えておきたいことは、受講者に実践してもらうにはどうすればよいかという視点です。職場での実践において、もっとも影響力が強いのは上司です。オンライン研修では、事後フォローもさまざまな形でオンラインによって可能です。上司と受講者の1対1、上司と複数の受講者、複数の上司と複数の受講者、またグループ、さまざまな形態で事後フォローを実施していくことが可能となります。いずれの形態を取る場合でも、その内容には以下のようなものを入れておきたいところです。

①上司への研修報告
②学んだことの定着のために可能な上司のサポート
③他のメンバーへの共有や必要なサポートの依頼

さらに、事後に職場実践があるアクションラーニングのような研修を実施した場合は、フォローの様子を他のメンバーが観察することで気づきを得るケースもあるでしょう。また、受講者が職場での実践後にオンライン上でワールドカフェを実施して、その効果や課題を共有した事例もあります。

研修後のフォローアップをデザインするにあたっては、上司を巻き込むことは必須です。それは研修終了後に行うのではなく、研修実施前の段階から行うことで、より効果の高いフォローアップを行うことが可能となります。

5

ストレスのない運営に必要なハードを整える

●ハード面のトラブル回避は参加者の基本的なルール

受講者の立場で考えると、対面の研修であれば決められた日時に体一つで研修会場に臨んだとしても受講に著しい支障が生じることはありません。一方のオンライン研修はそうはいきません。事前に最低限のハードをそろえておかなければ参加すること自体が難しくなります。

また講師の立場で見ても対面以上に慎重な準備が求められます。たとえば対面の研修ではＰＣに一時的なトラブルが発生した場合でも、紙のテキストや演習用のワークシートを用いて研修を継続することが可能ですが、オンラインでは講師のパソコントラブルはそのまま研修の中断につながります。

オンライン研修特有のハード面でのトラブルは、研修品質の低下や受講者の不満やモチベーションの低下に直結するため、しっかりと準備して臨むことは、参加者が心

図41 オンライン研修に必要なハード

ハード	講師	受講者（事務局含む）	必要なスペックなど
PC	受講者	必須（カメラ付きが理想。映像専用ならスマホでも対応可）	使用する会議システムが要求する水準（OS、ブラウザなど） ※システムによって異なるため注意
カメラ	必須	原則必要（講演形式の場合は不要）	パソコン内蔵のカメラでも問題ないが、見える角度や視野を考慮するならWebカメラがおすすめ
マイク	必須	必須	受講者はパソコン内蔵のマイクでも問題なし。講師は一定性能のマイクが不可欠
イヤホン	必須	必須	環境音をある程度遮断できる性能
スピーカー	不要	原則不要	受講者や事務局は、1台のパソコンで複数名が視聴する場合に必要
照明	必須	逆光になる場合に必要	カメラに映る顔が暗く見えない程度の明るさ
有線LAN	必須	不要	ジャックからパソコンまで届く長さ

掛ける基本的なルールといえます。

必要なハードは研修の内容や受講する環境で異なりますので、図（オンライン研修に必要なハード）で要否をチェックしてください。

●講師は費用と時間を惜しまず最適な環境を整える

講師本人に問題がなかったとしても、ＰＣ、カメラ、マイクのどれかひとつが機能しなくなれば研修は継続できませんので、講師のハードは受講者とは比較にならないほど重要です。

講師が特に注意すべきハードは「ＰＣ」「マイクとイヤホン（ヘッドセット）」「有線ＬＡＮ（ケーブル）」です。

□パソコン

・研修に使用する会議システムに要求されるスペックを満たす（専用のアプリケーションを起動しながら常時ビデオを配信するため、メモリにも余裕を持たせる）

□マイクとイヤホン（ヘッドセット）

・自分の声を届け、受講者の声を聴き洩らさないようにする（研修前にしっかりと性能を確認することが大切。両機能を兼ねるヘッドセットがお勧め）

□有線LAN（ケーブル）

・無線（Wi-Fi）ではルーターとパソコンの両方でのトラブルが起こる可能性があるので有線（LANケーブル）でつなぐ（接続する設備状況によってジャックからの距離が異なるのでケーブルの長さにも注意）

●受講者は研修内容に即した最低限のレベルを確保する

受講者は導入コストを加味しつつ、研修運営に支障が生じない「見る」「聞く」「話す」「見せる」で最低限の機能を確保することが基本です。

受講者が特に注意すべきハードは「PC」「イヤホン」「マイク」「カメラ」です。いずれも過度な性能は必要ありませんので、事前のチェックを徹底してください。

□パソコン

・研修に使用する会議システムに要求されるスペックを満たす

□イヤホン

・自宅や職場の環境音で聞こえづらい状況を回避する。（講師や他の受講者の声がはっきりと聞こえるのであれば、手持ちのイヤホンで十分）

□マイク（双方向のやり取りが生じる研修で必要）

・講師からの質問やグループ演習で発言できるようにする（性能はＰＣ内蔵のマイクで十分）

□カメラ（受講者の顔を見せる場合に必要）

・講師や他の受講者とのやり取りは声だけでも可能だが、深い内容や相手に安心感を与える場面では効果が大きい（ＰＣ内蔵のカメラで十分）

6

オンライン研修のツール選び、機材選び

●「オンライン研修って何があればできるの?」

オンライン研修を初めて導入する、もしくはあまり経験がない場合、やはり気になるのが、どんな「ツール（システム）」と「機材」を選べばいいのか、という点です。実際に私たちのクライアント企業からも「おすすめのツールを教えて欲しい」、「ツールによってできることとできないことをまとめて欲しい」というご要望がありました。

この本を執筆している時点で、それぞれに特徴を持った様々なツールが生み出されており、セキュリティの強化や視認性の向上など、日々アップデートされています。ただ、それらの動向をすべて押さえて、違いを把握していなくてはオンライン研修ができないかというと、そんなことはありません。最低限のポイントさえ押さえておけば、運営の工夫でどんなツール・機材でも問題なく研修を行うことができます。

●絶対に欠かせない機能

まずは、最低限必要な機能・機材について見ていきましょう。オンライン研修を成立させるために必要な機能は、①画面共有機能、②ビデオ通話機能、③チャット機能の3つです。この3つはどのツールにもほぼ搭載されています。

①画面共有機能

講師が手元のテキストを受講者に共有するために必要となります。リアル研修で言うところの「プロジェクター」の役割を果たします。テキストを印刷して事前に配布する、ということもできますが、受講者が手元に集中してしまい、集中が画面から外れやすくなりますので、原則は画面共有で講義を進めます。

②ビデオ通話機能

音声通話機能のみで配信することもシステム上は可能ですが、受講者のリアクションがほとんど見えなくなってしまうため、双方向性がかなり減少してしまいます。また、事務局側からしても、受講者の受講状況が確認できないため、基本的にはカメラをオンにした状態で顔を見ながら研修を進めていくようにしましょう。

③チャット機能

第2章でお伝えしたとおり、チャット機能はオンライン研修を効果的なものにするための要です。リアル研修におけるちょっとしたペアワークや、Q＆A、発表の代わりとして活用するシーンが大変多く、テンポの良い研修づくりに欠かせません。

●受講者が安心して受講するための機材選び

機材については、①カメラ付きPCもしくはタブレット、②講師・事務局の有線LAN接続、③マイク付きヘッドセットを用意しておきましょう。

①は古いものでなければ、会社支給のものに搭載されていることが多いです。②は講師についてはマストで用意してください。無線接続は外部環境によって影響される可能性が有線接続と比べて高く、万が一講師の接続が切れてしまうと研修自体に甚大な影響を与えてしまいます。③も講師は必ず用意しておくことをオススメします。PC備え付けのマイクは環境音をかなり拾うため、外の音やタイプ音などが入り込み、受講者の集中力を削ぐ要因となってしまいます。

●さらにオンライン研修の質を上げる機能

「さらに研修の質を上げたい！」と思っている皆さんのために、あったら便利な機能と機材についても紹介します。

まず機能については、①セッション設定機能、②リアクション機能、③アンケート・投票機能の3つがあるシステムがお薦めです。

「①セッション設定機能」とは、研修内でグループごとの小部屋を設定することができる機能です。この機能があると、グループワークの運営がかなりシンプルになり、事前準備や当日オペレーションの負担が軽減されます。

「②リアクション機能」は第2章で紹介したとおり、ワンクリックで「いいね」や「拍手」などの反応を画面上に表示させる機能です。これがあることで、受講者の研修への参加感が高まるとともに、講師にとっても受講者の反応が見える化されることで、安心して運営することができます。

「③アンケート・投票機能」は、事前に作成しておいた質問と回答を受講者に送信し、それを集計して結果表示をすることができる機能です。研修中ずっとチャット一辺倒で投げかけ続けると受講者も飽きが来てしまうので、たまにアンケート・投票機能なども織り交ぜると集中力が切れにくくなります。また、ちょっとした10問テストなどをこの機能で実施して、受講者自身に気づきを与えたり、危機感を感じてもらったりすることにも使えます。

●最高の研修をお届けするための機材

研修の質を高めるための機材としては、①講師用のサブPCもしくはタブレット、②照明機材、③仮想背景などを用意するとよいでしょう。

講師はメインPC／タブレットでテキストを画面共有するため、同一画面で受講者の顔やチャットを確認することが難しくなります。解決方法として、外付けのディスプレイを使って2画面に増設するという方法もありますが、万が一接続が切れた際の保険としても、2台体制で接続しておくことをお薦めします。私たちが研修を実施するときは、メインPCでテキスト共有と音声・ビデオを配信し、サブPCで受講者の顔とチャットを確認、社用のスマートフォンで受講者がテキスト共有されている画面を確認するなど、複数台体制で、さながらコックピットのようにセッティングしているメンバーもいます。

照明機材があるのとないのでは、画面に映る自分の表情がまったく変わってきます。光量が少ないと、顔に影ができ、自分が思っている以上に相手からは暗い表情に見えてしまいます。ライトの光が自分の顔に当たるように（直接光は見ないように！）しておくと、それだけでぐっと雰囲気が明るくなります。

最後の仮想背景というのは、カメラに映った自分の周りを、事前に指定した背景と

図42　ツール選び、機材選び

	Must	Want
ツール	□ 画面共有機能 □ ビデオ通話機能 □ チャット機能	□ セッション設定機能 □ リアクション機能 □ アンケート・投票機能
機材	□ カメラ付きPC/タブレット □ 有線LAN接続（特に講師・事務局） □ マイク付きヘッドセット（特に講師）	□ 講師用サブPC/タブレット □ 照明機材（特に講師） □ 仮想背景（プライバシー保護）

機能・機材の充実や講師の運営のしやすさよりも、
受講者が安心して研修を受けるための環境整備が何より重要!

合成してくれるもので、いくつかのＷｅｂ会議システムには最初から搭載されています。ただし、ＰＣやカメラのスペックが足りていないと機能しないこともあるので、システムとは別のカメラ用背景合成アプリを組み合わせて使うことも検討してください。これは気分が変わる、というだけではなく、プライバシーの保護や、背景が動く（自宅から接続している時に家族が映りこむのもオンラインあるある）ことによる集中力の低下を防ぐことができます。

7

オンライン研修にふさわしいコンテンツ作成の要諦

●講義時間は2割減らす

研修における講義（インプット）と演習（アウトプット）の割合に関して、オンライン研修では対面式と比べて、講義時間を減らし、演習時間を増やすことを基本スタンスとしてください。資料も少なめを意識してください。

どの講義時間を減らすかは、研修コンテンツの内容にもよりますが、我々の実感としては、最低2割は講義時間を減らして、その分、演習時間を増やすことをお勧めしています。その理由について説明します。

●受講者・講師双方にとって演習時間が多いほうがよい

受講者は、オンライン研修中は基本的に画面をじっと見続けることになります。オンライン研修の受講経験がある方は実感されているかもしれませんが、対面の集合型と比べて、心身共々、消耗が激しくなります。

このような環境下で講師の話を一方的に聞くインプットの時間が続くと、ある瞬間に集中力がふっと途切れるリスクが高まります。休憩時間をこまめにとることもひとつの策ですが、研修全体のスタンスをアウトプット中心とすることで、受講者もメリハリをつけて研修に参加しやすくなります。

●見落とされがちな事務的な負担

資料については、極力少なくするようにしています。これには受講者の読む量を減らし、代わりに考える量を増やす、といった理由のほかにも、事務的な理由もあります。

集合型研修では通常、資料は事務局が印刷して、当日、受講者に配布します。一方、オンライン研修では全員が一堂に会することができないため、資料は事務局が印刷して受講者に郵送するか、もしくは受講者に自分で印刷してもらうことになります。仮に資料が何十枚にも及んでいると、このいずれの場合でも大きな負担となります。

オンライン研修を実施する際、研修内容に気をとられ、事務的な負担が見落とされがちです。しかし、印刷のように、集合型とオンラインを比較する際は、内容以外の点でも大きな違いが生じる可能性があることに注意してください。

●オンライン研修でなければできないことに時間を使う

受講者の中には、オンライン研修と聞くと、Eラーニングのようなものを想像する人もいると思いますが、この2つは大きく異なっています。違いのひとつに、「講師と複数の受講者が同じ時間を共有する」という点があります。

この特性を活かすなら、オンライン研修ではグループワーク演習や、演習アウトプットの共有、フィードバックにより多くの時間を割くべきです。もし大量のインプットがどうしても必要ならば、研修前にEラーニング等での事前学習とするのがよいでしょう。

実際に受講者から「オンライン研修でも、対面式と同等かそれ以上に学べた」と言ってもらえるのは、主に演習に関する点です。時間を共有しているというポイントを、有効に使えることが、価値につながります。

一般的にオンライン研修は、Eラーニングと比べて、準備も含めた費用が大きくなります。費用対効果を考えるなら、オンライン研修では、オンライン研修でなければできないことに時間を使うようにしてください。

第5章

ケースから学ぶ実践のコツ

case 01

“海外修羅場研修”
「ミッション:グローバル」から「ミッション:グローバルオンライン」に進化

スパイスアップジャパン

●グローバル人材育成のノウハウをオンラインに転換

新型コロナウイルスの影響において、我々コンサルティングや人材育成事業を行っている業界は大きな変化を求められています。多くの参加者が募る集合型研修が感染拡大を防ぐために、中止や延期を余儀なくされました。

ここに紹介する株式会社スパイスアップジャパン（代表取締役・豊田圭一氏）も、同じような状況になり、即座に新しい一手を生み出した好例企業のひとつです。

同社の強みは、実際に新興国などの海外に日本企業から人材を送り出し、座学では決して学ぶことのできない実践的なグローバル人材を育成することにあります。

同社のミッションは「世界における日本のプレゼンス向上に貢献する」というものであり、その手段として〝海外修羅場研修〟ミッション：グローバルというサービスを提供しています。

しかし、新型コロナウイルスの影響は多大なるもので、海外に人材を送り出すことが困難な状況になり、代表である豊田さんは大きな舵切りを行いました。

それが、グローバル人材育成のノウハウを生かし、現地に行かなくとも、オンラインでの世界中の誰とでもつながることができるという利点を逆手にとり、新しい人材育成サービスをつくりあげたことなのです。

●リアル集合型研修からオンライン研修への〝変態〟

もともと同社が提供していた、「〝海外修羅場研修〟ミッション：グローバル」が、どのようにして「ミッション：グローバルオンライン」に〝変態〟していったのか、ここからは同社よりいただいた資料を引用しながらご紹介したいと思います。

「ミッション：グローバル」という研修の具体的内容は、

・研修期間は5日間（月～金）

・研修場所は主にアジアの新興国。
（東南アジア、インド、中国など）
・研修内容は、朝、ミッション（ビジネス課題・仕事）が出され、夕方までに成果を出さなければいけない。
・フィールドワークを通じた取り組み方法は全て受講生に委ねられる。

というものです。その特徴として、以下があげられます。

①東南アジアや中国、インドなどの熱気溢れるアウェイの地で実施するため、自らの〝殻破り〟が求められる。
②ケーススタディではなく、リアルな事業家・経営者が抱えるミッション（課題）に取り組むリアルスタディなため、やるしかない！
③現地の街に飛び出し、フィールドワークを通して現地の人たちの「生の声」を聞かなければ課題解決ができないミッションが与えられ、主体性や実行力、コミュニケーション力が求められる。
④仕事と同様、短期間で成果を求められるため、頭と身体をフル回転させて取り組まなければいけない。

まさに、「マインドとスキルの両輪が鍛えられる」内容になっていたわけです。
このリアルで実施していた研修をオンラインに切り替えた「ミッション：グローバルオンライン」は、次のように進化しました。「狙い」と「主な内容」をご紹介します。

【研修の狙い】
・自ら考えて行動する力を鍛える
・失敗を恐れず一歩踏み出す力を鍛える（殻破り・チャレンジ）
・どのような環境下でも成果を出す意識を上げる
・英語への苦手意識を払拭する
・やってみたらできた！という自信・自己肯定感を得る
・組織や個人を変革するマインドセットを身につける

【研修の主な内容】
「毎日、経営者・事業家が抱えるリアルなビジネス課題（図43のようなミッション）

が出され、受講生たちは求められたゴール（目的）に向かって、自ら主体的に考えて行動を起こさなければ、成果が得られない1～3日間を過ごします。また、「外国人の生の声を聞く」という取り組みが必須となります。

1日の最後にはその日を振り返る時間を設けており、その日の学びや気づきを翌日に活かすという経験学習サイクルを回します」

●オンラインだからこそ生まれたフィールドワーク

そして、何よりも〝ミッション：グローバル〟の特徴は成果を出さなければならない「フィールドワーク」にあったわけです。しかし、リアルで実施するわけにはいきません。では、どのように進化したのか。同社はこのように伝えています。

「海外で実施するミッション：グローバルでは、アウェイな新興国の街に出て、現地の人たち（ベトナムであればベトナム人）にヒアリングをするという取り組みになりますが、オンライン・フィールドワークでは、受講生それぞれが「世界の人たちと繋がるウェブサービスやアプリ等」を利用して、日本国内の室内にいながら、世界中の人たちから生の声をヒアリングします」

つまり、オンラインならではのやり方で、フィールドと呼ばれる境界線を広げてみせたのです。さらに同社はオンライン・フィールドワークのメリットを通常のオフライン版と比較して、次のように説明します。

ミッション：グローバルよりグローバル

オンラインで世界中の様々な国籍の外国人にヒアリングをするので、海外で実施をする時以上にグローバル、ダイバーシティを感じられます。

オンラインのため、国内外のどこでも（社内でも自宅でも）実施が可能

海外で実施をする際の現地の治安や疫病の心配が不要です。また、移動がないため、国内出張・海外出張等の手続きもいりません。

「ヒリヒリ感」や「チャレンジ度」はミッション：グローバルと同じかそれ以上

ミッションで成果を出すために、英語等を駆使して「誰に」「どのように」ヒアリングをするかはすべて自分で考えなければいけません。外国人との密なコミュニケーションや海外での仕事の経験がない方にとっては、むしろハードルは高いと言えます」

ピンチをチャンスに変え、オンラインだからこそできることを顧客価値に翻訳して届けている好例ではないでしょうか。

オンラインによる「制約」にとらわれることなく、「オンラインだからこそ」の価値に目を向けることの大切さを教えてくれています。

図 43 【ビジネス事例】
スパイスアップジャパン様 ミッション: グローバルオンライン

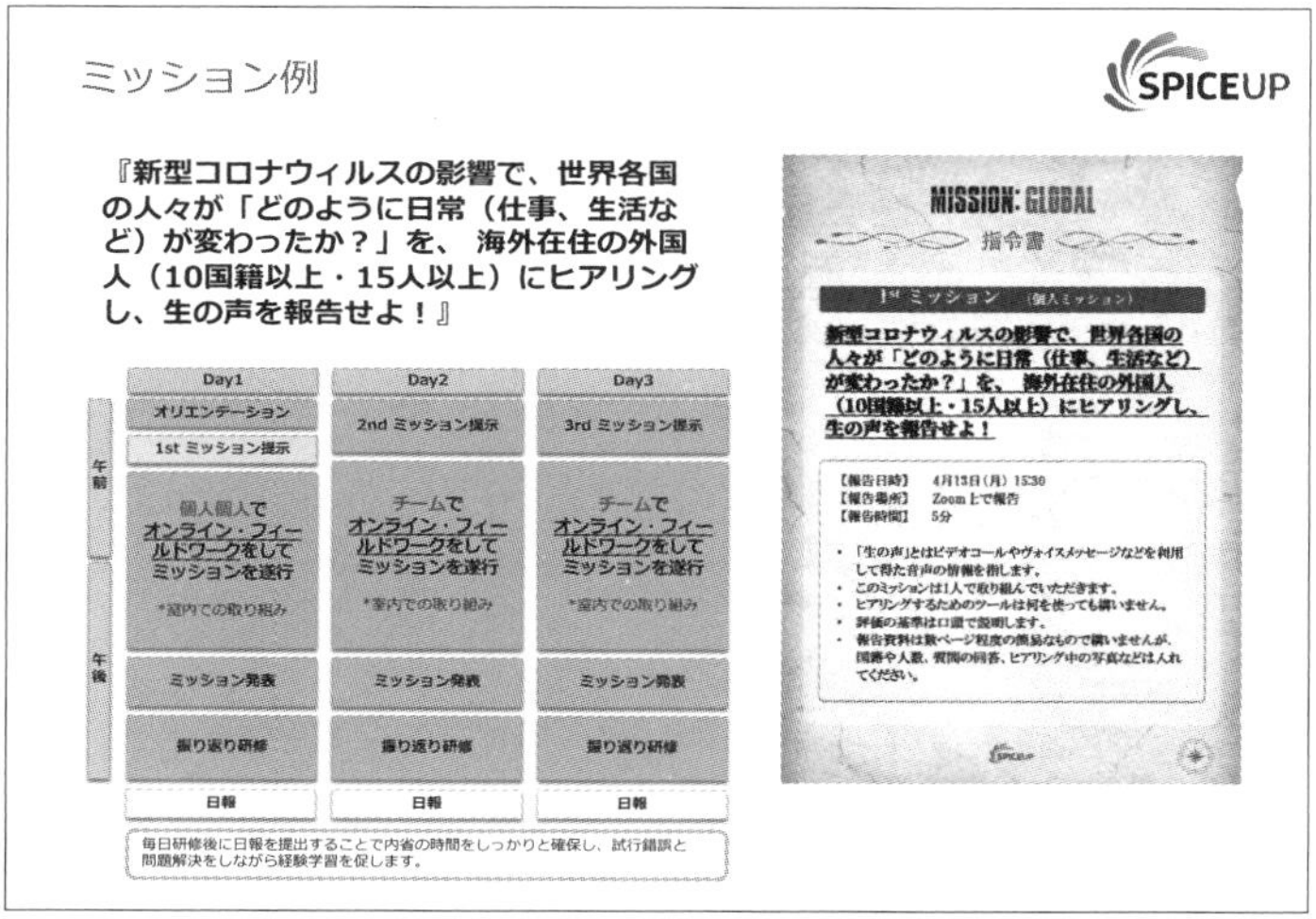

目的と本質は大切にしながら、
制約のある中でも手段を柔軟に変えた。
オンラインだからこそできる価値を見出し、
チャンスに変えた好事例。

※画像等はスパイスアップジャパン様のご協力を得て利用させていただいております。

case 02

オンライン時代のニューノーマルな学び スタディ・ジョグ（Study Jog）（仮）

リクルートマネジメントソリューションズ×HRインスティテュート

●研修後の〝定着効果〟をどう高めるか

弊社では集合型研修としてロジカルシンキングやコミュニケーションなどのスキルを「ノウハウ・ドゥハウプログラム」として3時間、1日、2日のパッケージで実施をしています。こうしたコンテンツをベースにオンライン研修での企画を進める中で新たなパッケージが生まれました。

従来の研修は1日、2日の集合型で実施する場合、メリット・デメリット双方が存在していました。メリットとしては「集中して学習できる」「学習のきっかけをつくれる」「研修中に実践の機会をつくれる」「知識やスキルだけでなく関係性も育める」など。こうしたメリットは集合型ならではの部分もあり、今後も必要とされる部分です。

一方、デメリットは「移動時間も含め長時間拘束される」「研修時は気づきが大きいがすぐに薄れてしまう」といった部分です。特に日々忙しい社員相手の研修は、研修後の効果持続、フォローという部分がどうしても手薄になってしまう傾向がありました。もちろんフォロー研修も実施していますが、やはり集合型となると集めるために工数や時間が必要で、十分な機会を提供できない点が問題とされてきました。

こうした背景がある中、開発されたプログラムが「Study Jog（スタディ・ジョグ）（仮称）」です。こちらは弊社のパートナー企業である株式会社リクルートマネジメントソリューションズ社と共同開発をしたプログラムで、すでに導入いただいている企業があります。以下、プログラムについて解説します。

● Study Jog の特徴

提供するのはオンライン時代のニューノーマルな学びです。特徴としては以下があげられます。

＊1回2時間の研修プログラムを、およそ2週間おきに計8回実施
＊毎回のプログラムの事前課題として、以下2つを実施
①該当する学習内容に関する動画の視聴（1本あたり3～5分程度）

②課題の実施（パワーポイント1～3枚程度で自分の考えをまとめる、など）
＊2時間の研修プログラムでは以下の内容でスキルの定着をはかる。
①学習内容のおさらい
②事前課題の発表――受講者同士、講師からのフィードバックで気づきを得る
③演習の実施――②の内容を応用した課題にグループで取り組む
④業務への応用――学習した内容を業務でどう活用するかイメージを持つ
⑤次回までの課題の提示
＊回を重ねるごとに、学習内容を積み上げていく。課題の難易度も上がる設計。
＊業務への応用を毎回「問い」として持つことで「ただ学ぶだけ」にせず実践に活かす。
＊人間の記憶メカニズムを踏まえ設計。自律的学習が基本思想。

●学習と業務を往復し、実践に活かす

こうした特徴を備えるプログラムですが、メリットは「学習効果を継続させる」「実践と学習を何度も往復する」「自律的な学習を定着させる」ことにあります。

従来であればフォロー研修で集めざるを得なかった環境が、オンラインシフトにより、短時間で受講者を集めやすくなりました。そのため1日、2日で完結してい

図44 集合型研修と“Study Jog”の違い

	メリット	デメリット
従来の1〜2日の集合型研修	・気づきを得るのには十分 ・人によっては必要なスキル、考え方を短期で取得できる ・事務局および受講者間の関係性構築が可能	・学習効果が持続しにくい ・頻度高く集めることが難しい ・受講者の交通費、宿泊費がかかる
オンライン研修形式の“Study Jog”	・短時間×複数回の実施が可能 ・受講者が参加しやすい ・学習した内容と業務での実践をつなげやすい ・一定の学習期間を経ることでスキルや考え方を定着させやすい	・一定の間（およそ3〜4カ月）研修の課題や受講をする必要がある ・1〜2日の研修に比べて研修実施コストは高くなる

た研修を2時間程度のプログラムに分解し、それを一定期間に跨って実施することで、受講者が常にその学習内容をイメージしながら実践する環境に居続けることになります。

私たちはこのプログラムをジョギングとなぞらえ「Study Jog」と称し、今後もさまざまなパッケージを開発し提供していく予定です。

Study Jogに限らず、こうした短時間×複数開催型のトレーニングを実施できるというのは、オンライン研修ならではといえます。育成の企画担当者が検討する選択肢のひとつとして位置づけていくことは効果的といえます。

case 03

オンラインを活用した多様な研修スタイルが続々登場

キリンビール、NPO法人ETIC.ほか

先にご紹介したケース以外にも様々なところでオンラインを取り入れた面白い取り組みが繰り広げられています。ここではそのうちのいくつかをご紹介します。

● KIRIN BEER SALON（キリンビールサロン）　キリンビール様

自社のファン同士をつなげるファンコミュニティとしてオンラインサロンを提供している企業がキリンビールです。「初めて知る」から「自分でつくる」までをテーマに全5回の講座を実施。講座やビールの製造体験はリアルで実施をしますが、コミュニティとしてオンラインでつながっていくため、ファン同士は講座以外でも、熱くビール愛を語り、ビール好きの同志がつながっていくことができます。サロンのメンバーは、＃（ハッシュタグ）キリンビールサロンを使い、各種ＳＮＳで状況を共有し拡散をしている様子も見受けられます。

おうちｄｅインターンシップ　ＮＰＯ法人ＥＴＩＣ．様

多くの学生の成長機会とキャリア醸成のために、全国各地の中小企業にインターンとしての機会を提供してきたＮＰＯ法人ＥＴＩＣ．は、２０２０年7月、同社のチャレンジ・コミュニティ・プロジェクトより「おうちｄｅインターンシップ」のサービスをリリース。主にオンラインで可能な、地域企業への取材や記事作成、ＳＮＳを利用した広報活動やコミュニティの充実化を図るための企画作成など多岐にわたる活動が紹介されています。申し込みから説明会、活動のサポートをしてくれる専属のコーディネーターとのやり取りもすべてオンラインで実施され、オンラインであることから全国各地のプロジェクトに、いつもの生活をしながら参加することが可能となっています。

その他、面白い取り組みが続々登場

ここでご紹介したケース以外にもオンラインの特性を活かした取り組みは続々と

登場しています。内定者向けにオンライン上で取り組める「謎解きイベント」を開催し、チームビルディングを高める事例や、1話10分程度で知識や教養が身につくオンラインセッションを社内で開催したり、テレワークの環境下で健康状態を維持するためにヨガやストレッチの研修を実施するなど、さまざまな取り組みが創意工夫のもと、繰り広げられています。

第6章

こんなとき、どうする？ Q&A

受講者の反応が薄い

あるあるケース

受講者の反応がめちゃくちゃ薄い!

オンライン研修では受講者から発信される情報が少なく、人数が多くなればなるほど情報収集が難しくなります。そのため、受講者に質問を投げかけても返答がない、演習のインストラクションをしても理解しているのかわからない等々、リアル研修と比べてオンライン研修は受講者の反応が薄い傾向があります。また、多少のギャグを入れても反応がなく、場が冷めきってしまうことも起こりがちです。

対策

反応しやすい空気感をつくる

受講者が反応できない理由としては、反応するタイミングがわからない。誰かが反応するから無視してもいい等の理由が考えられます。ここでは、受講者の反応を良くするための対策として、アイスブレイクを小まめに挟んで、受講者に「声を出してもらう」ことで、反応のしやすい雰囲気、空気感をつくることが重要です。また、もし反応が一切ないと見受けられる場合は、個別チャットを用いてフォローすることで、受講者の状況も確認しながら進めることができます。

【自己紹介系】

・順番に自己紹介を実施する

お題は仕事関係だけではなく、仕事以外のプライベートなお題（趣味、好きなモノ等）も入れておく。そうすると、必然と自己開示の機会とすることができるため、コミュニケーションの促進につながりやすくなる。

【思考系】

・クイズの答えをみんなで考える

時間があればチームに分けて、チームでクイズの正解を求めることも盛り上げる。お題は時事問題、企業当て等、事前に考えておくと、困ったときに使いやすい。

・チーム全員の共通点探し

チーム全員の共通点を対話しながら見つける。目に見えない共通点とすると、対話しなければいけないため、全員が声を出す機会とすることができる。

【身体動かす系】

座って疲れが見えたときには、身体を動かすことで、身体の血流を良くしてスッキリするのが効果的です。

- **ストレッチ**

　全員でストレッチをする。首回り、肩回りを中心に簡単に動かしてリフレッシュする。

- **○○を身体で表現する**

　お題に対して、各自が身体で表現する。たとえば、現在の体調、気分など、わかりやすいものだと全員が参加しやすくなる。

こんなとき、どうする？

受講者同士の横のつながりができない

あるあるケース

コミュニケーションがなかなか生まれない！

ワーク実施前に積極的なコミュニケーションをとるように案内をしたが、受講者間で表面的なコミュニケーションだけに留まってしまい、ワークをするだけの関係になってしまう。リアル研修であればワークの合間、休憩時間に受講者間でコミュニケーションが生まれやすいが、オンライン研修では画面上の関係となるため、雑談を含めたコミュニケーションが生まれにくい状況です。

対策

コミュニケーションの機会を設計する

横のつながりをつくるためにはコミュニケーションを通じた関係構築が重要となります。研修時のグループワークはもちろんのこと、研修の合間でもコミュニケーションの機会をつくることで受講者間のつながりができるようにしましょう。

【環境面】

・ワーク中はビデオ、マイクをオン

ワークのメンバー間ではコミュニケーションが円滑に進むようにビデオ、マイクをオンにすることで受講者が情報を発信しやすい環境をつくりましょう。

【ワーク面】

・少人数（2～3人）でグループワーク

少人数のワークであればコミュニケーションを取りやすくなる。内容は簡単なワークでもOK。受講者間のコミュニケーション量を増やすことで、合間にコミュニケーションが生まれやすくなります。

・サロン時間をつくる

サロンとは相談会のイメージで、各自のわからなかったことや、悩み等を何でも吐き出す場を設けました。某大手化粧品メーカーでのオンライン研修では、研修終了前の時間を使って「研修でわからなかったこと」「業務上の悩み」等をチームで話し合うサロンの時間をつくりました。

ワーク→全体共有の流れで進め、営業部所属の受講者の悩みを、参加していたマーケティング部所属の受講者がアドバイスして解決するということにつながりました。

受講者のテンションが低い

あるあるケース

受講者が「どうせオンラインじゃ…」

「オンライン研修かぁ。夕方まで？　うんざり」と受講者の期待値が低い場合がありますね。その会社がオンライン活用に対して抵抗を持っている場合もあれば、またこれまでのオンライン研修での苦い思い出が影響していることもあります。研修の案内メールを受けた時点から「顔出しとか面倒だな。ほっといてくれよ」と参画意識が低く、受動的にやり過ごそうと思っている受講者の気持ち、わからなくはありません。講師としてはこの反応が当たり前と覚悟して準備しましょう。

対策

受講者目線のPI&PXの設計が大切

低い期待値というのは、ある意味ラッキーです。つまり期待値が低い分、超えるのは案外と簡単だからです。スタートの段階で、「あれ？　なんか期待できそう」と思わせれば、態度が変わってくる可能性があります。その意味でも、始まる前に映し出すスライドは大切です。

研修はサービスであり、お客さまに提供するプロダクトです。どんなプロダクトでも、今大事なのはUI＆UXです。これを研修に置き換えれば、U＝ユーザー(利用者)は、Participants(参加者）です。次の2点を意識して自分の仕事をトレーニング・エンジニアという意識で見直してみましょう。

①PI（参加者インターフェース＝接点）を丁寧に設計
②PX（参加者エクスペリエンス＝体験）を最大化

参加者が研修とかかわる接点（コンタクト）はすべてPIに含まれます。研修の案内メールの文面も、参加者にとっては初めての接点。ファーストコンタクトで「あれ？なんか期待できそう」と思わせるようなメッセージを送っていますか？

そして当日は、待っている画面から講師からの温かいウェルカムのメッセージや、イラストや写真がポップで気分を上げるようなPIがあれば、少しは気分が変わる可能性があります。PCから心地よいBGMを流しておくのも手ですね。

スタート前の状態に一工夫しましょう。その会社の最新トピックや「今日は何の日?」を調べておいて、待機中のスライドにクイズとして書いておくと、スタート前にスマホで調べて答えてくださる方がいたりします。

講師からの投げかけにより場の温かさとオープンさを醸し出すだけで、少しは興味を持っていただけるのではないでしょうか。「今回は、ただつないでいれば済む、ではない感じ」ということにいち早くお気づきいただきましょう。

一人ひとりに、もちろんお名前を呼んで話しかけて、少しうざいくらいの笑顔で、しかし自然に話しかけます。声の大きさの確認を目的として、所属や業務について聞いたり、通信回線の状況を確認したりなど、双方向でやりとりを行うことが重要です。

はじめは回答しやすいクローズ質問で「はい」「いいえ」の答えを引き出します。ともかく、言葉のキャッチボールから自然にスタートしましょう。「あ、いい声です。聞こえてます」とか、必ずスタートはホメホメ。リラックスしていただき、対話・発言に抵抗がないように導きます。

こんなとき、どうする？

事務局や受講者にオンライン研修への抵抗感が強い

あるあるケース オンラインへの不安や不満がいっぱい！

「通信トラブりそう」「うまくいくかな」「長いなー」「どうせつまらないだろ」「オンラインで何ができるんだよ」

これらのつぶやきは、参加者が持っているであろうあらゆる「不」を想像すれば対応可能です。ともかく「不」を取り除くことでＰＸ＝参加者体験を最大化していきましょう。

不安、不満、不参加、不信、不在、不要、参加者の「不」を先回りで想像して、一つひとつつぶしていきます。そして安心、満足、参加、信頼、存在、必要という気持ちになっていただかないと、この後がお互いにつらいです。

対策 スタートの15分で「不」をすべて取り去る

・「通信が落ちても大丈夫です。何回でも事務局にご連絡を」と繰り返し伝える

戻ってきたら「よかったです。戻ってきてくださってありがとうございます」と皆でウェルカムの拍手をすると、精神的ストレスが軽減されます。皆に迷惑をかけてしまうのでは、という不安を取り除いて「お互い様」の空気をつくりましょう。

・はじめの15分で、トレーニングで用いる機能を一度体験してもらう

会議室移動や画面共有、チャット機能にトライしていただくことが大切です。移動できない、どこをクリックすればいいかわからない、という方には個別にフォローを行い、開始15分のうちに受講者の不安を取り去ることで、「なんだ、こうすればいいのか」と思っていただければ、その後が実にスムーズです。講師や事務局が1オン1でしっかりフォローすることで何かあっても大丈夫、という心理的安全性の高い場をつくります。

・講師が勝手な思い込みを持っていないかもチェックする

たとえば、画面上ずっと横や下を向いている受講者を見つけて、「興味ない」「不

参加の態度」と思い込んでしまったりしていないでしょうか。実は、横にある巨大ディスプレイを見ていたり、スマホで情報を検索してくださっていたりなど、ポジティブな意図での横向き・下向きもあるのです。決してマイナスの思い込みで対応しないよう気をつけましょう。

参加者に対して「××さん、外が気になるんですか？」なんて嫌みのひとつも言おうものなら、受講者のやる気は一瞬で削がれます。

横にディスプレイがあるんだな、とか、今調べてくださっているんだな、というように、**信頼の投げかけ**をすることです。信頼関係があれば、「すみません！ 今上司からLINEがきまして…」などと正直に謝ってくださったりします。そういうときは「お仕事ですから、急用であれば画面から離れて大丈夫ですよ。終わったら戻ってきてください。集中できる環境でないと大変ですよね」などと共感を表す一言をセットで伝えてはいかがですか。

一人へのこうした応対や態度をクラスの全員が見て聞いています。そして少しずつ、一人ずつ、笑顔で話しかけてくる人が出てきます。一歩一歩です。一挙手一投足、一つぶやきを、受講者は対面よりむしろ敏感に感じ取っていらっしゃいます。画面からの情報量が限られているというのは、侮れないものなのです。

こんなとき、どうする？

ＩＴリテラシーが低い受講者が多い

あるあるケース

システムの使い方の説明に時間がかかる！

研修を企画する事務局として、ＩＴリテラシーの低い社員へのオンライン研修実施は悩ましい問題です。弊社のウェブセミナーでも「ＩＴが苦手な社員たちにオンライン研修ができるのか」といった質問が寄せられていました。事務局もシステムのプロではない中で、オンライン会議システムの機能をフル活用した研修にしようとすればするほど、使い方の説明に時間を割くことになります。

対策

できるだけ事前接続テストを！使う機能は欲張りすぎない

ＩＴリテラシーが低い受講者が想定される場合の工夫を、事前と当日に分けてご紹介します。

【事前準備】

・事前リハーサル（接続テスト）の実施

できるかぎり全受講者と事前接続テストができると当日の安心感が違います。研修前オリエンテーションとして30分程度プログラム説明と機能説明を実施できるといいですが、日程を合わせるのが難しければ、接続テストの時間を2～3時間程度設定し、その間に各自必ず接続先ＵＲＬにアクセスし、画像と音声チェックをすることだけでも実施してもらうといいでしょう。ＺＯＯＭの場合はテスト先ＵＲＬを提供していますのでこちらを利用することもできます。

ＺＯＯＭテストページ　https：//ZOOM.us/test

・操作マニュアルの配布

接続の方法、各機能の使い方、及び途中で落ちた時などトラブルシューティングをマニュアルでまとめておくことも効果的です。

【研修当日】

・アイスブレークを兼ねてシステム操作の時間を設ける

研修冒頭に、機能説明に加えてアイスブレイクとして機能確認をすると一石二鳥です。始まる前にBGMをかけておいて、画面上に「BGMが聞こえない人は教えてください」と表示しておくことで、音が届いているかチェックできます。また、20名以内であれば、一人ずつあてて30秒程度の軽いひと言挨拶をすると、全員のミュート・ミュート解除の操作慣れ、マイクの音量チェックを兼ねることができます。全員にチャットに簡単な自己紹介コメントを入れてもらってもいいでしょう。

・高度な機能を使いすぎず、アナログも活用する

オンライン会議システムのフル機能を使いこなそうとすると、機種依存の制約があったり、ついてこられない受講者も出てきたりします。たとえば、ホワイトボード機能などは難しいので使わず、手書きで紙に書いたものをカメラに掲げてもらうなど、アナログでの対応も組み合わせて「簡単」「すぐに」「誰でもできる」状態をつくりましょう。

こんなとき、どうする？

受講者がカメラオンにして顔を出してくれない

あるあるケース

受講者が顔を出してくれない。強制するとハラスメントに!?

オンライン研修で議論を円滑にするには、参加者が全員カメラをオンにして、顔を見ながらコミュニケーションすることが欠かせません。

ですが、人によってはカメラオンにしてもらえず、顔を出してもらえないことがあります。これは、パソコンにカメラが内蔵されておらず、外付けカメラもないという物理的にカメラをオンにできない場合と、カメラはついているけれど、オンにしてもらえない場合とがあります。後者の場合、顔出しできない事情はさまざまですが、背景の自宅内の様子を見られたくない、お化粧をしていないので顔を出したくないなどプライベートを守りたいという気持ちも根強くあるため、あまりに配慮なくカメラオンを強制しすぎると、ハラスメントととらえられかねず注意が必要です。

対策 自らカメラオンにしてもらうための工夫

カメラオン（顔出し）にしてもらうのは、原則として、受講者本人が自らの意思でしてもらうというスタンスが大切です。

・カメラオンにして研修することを事前に周知する

事前に何も予告せず、当日いきなり「全員カメラオンにしてください」と言われると戸惑うのは当然です。事前案内のタイミングで原則としてカメラをオンのまま受講すること、その方がコミュニケーションの効果が高いことなどの理由も添えて伝えましょう。

・事前接続テストではカメラチェックもしてもらう

事前の接続テスト時に、カメラテストもチェック項目に入れると安心です。ご本人に自分の画像背景を確認してもらい、なるべく壁などを背景にして受講することができるか、難しい場合は仮装背景を使うなどで代替可能であることも参考情報として提供すると安心感があるでしょう。

・当日も配慮ある声掛けを

研修が始まるまでオフにしていたものを、開始時にカメラを自らオンにするのは勇気がいるものです。「今からせーのでオンにしましょう！」など明るくカメラオンにするタイミングを決めて講師が声がけすると、心理的ハードルが下がります。また、「カメラオンにできない方は、個別にチャットにご連絡ください」など、カメラオンにできない人が集中砲火されないような配慮ある声かけが大切です。

一人ひとりのプライバシーを第一に考えることが基本です。くれぐれも、相手の自宅背景に映り込んでいるものをネタにしたりしないように！

受講者が会議開始時間を忘れてしまう

あるあるケース
受講者がログインしてくれない!

集合型のオフライン研修の場合は、研修参加は時として一大イベントです。受講票を見て時間を確認し、会場の地図を見ながら移動し、入口で受付を済ませます。受付後は案内された場所に着席し、開始まで「今日の講師はどんな人だろう?一緒にグループワークをするメンバーはどんな人たちかな? 良いメンバーに巡り合えるかな…」とドキドキしながら開始を待つことでしょう。

これに比べて、オンライン研修にはボタンひとつで参加できる気軽さがあります。直前まで別の仕事を進めて、直前にURLにアクセスすれば参加できてしまいます。受講する側としては、これまで、テーマは面白そうだけれど場所や時間の制約で参加できなかった研修参加のハードルが下がり、選択の幅が広がります。子育て世代も気軽に参加でき、遠隔地のメンバーも出張なしに参加可能です。

しかし、注意点もあります。直前まで仕事を進められるがゆえに、没頭してしまい、開始時間を忘れがちになることです。時間を見て慌てて参加しようとしたけれど、メールを検索しても招集通知のＵＲＬがなかなか見当たらない、ひどい場合には参加自体を忘れてしまう、なども〝オンラインあるある〟です。

対策 忘れ去られない仕組みでブロック

ここからは、受講者、事務局双方で工夫できるポイントをご紹介します。

【受講者】

・メーラーなどにリマインダーを設定する
・タイマーを設定して、時間管理をする
・ＵＲＬをスケジューラーに貼り付け、すぐにアクセスできるよう準備する

【事務局】

・事前にリマインダーメールを送る
・研修開始後、リストに照らし合わせて遅れている受講者のチェックをする

・まさかのときに備え、受講者の連絡先（直通の電話、ビジネスＳＮＳなど）を把握しておく

オンライン研修は気軽に参加できる一方で、気軽に忘れ去られてしまう研修でもあります。だからこそ、二重、三重に忘れない・慌てないための仕組みづくりが必要です。

こんなとき、どうする？

スライドのどの部分を説明されているかわからなくなる

あるあるケース

スライドの説明部分がわからない

オンライン研修でも、講師が会議ツールの画面共有機能を利用すれば、説明したいスライドを投影して、集合型の対面型研修と同様に同じ画面を見ながら説明可能です。しかし、注意点もあります。それはスライドの説明部分が受講者に伝わりづらい、というものです。

集合型の対面型研修の場合は、講師がポインターや指示棒で該当箇所を強調するため、受講者は今どの部分を説明しているかたやすく判別ができます。一瞬ボーッとしてうっかり聞き逃したとしても、講師を見ればスライドのどの部分を説明しているか、容易に理解できます。

一方、オンライン研修では注意しないと受講者側から説明箇所が理解しづらく、迷子になる可能性があります。講師側は、受講者が顔出ししていない場合は迷子になっている状態を掌握しづらく、注意が必要です。

対策　講師は受講者目線で情報を検索しやすくする工夫を！

ここでは、研修の【開始前】と【開始後】に分けてポイントをご紹介します。

【開始前】

・スライドの情報を少なめにして、講師がどこを説明しているかを、受講者が見つけやすくする
・アニメーションを使い、スライドと説明の同期準備をする

【開始後】

・ポインター機能を使い視覚的に受講者がスライドの説明部分を理解できるようにする（通常の矢印だけだと見づらい）
・講師はスライドを説明している際に、行間を話しすぎない（話す場合は、予告する）
・スライド以外のことを長めに話す場合は、一度スライド共有を解除してメリハリをつけるようにする

・受講者にスライドを読み上げてもらった後に講師が解説するなど双方向の運営を取り入れる

大事なのは受講者目線です。講師は画面の向こうの受講者を想定して、一方的に話さない、置いてきぼりにしないための工夫が必要です。

こんなとき、どうする?

グループワークが盛り上がらない、様子見になる

あるあるケース **発言が起きずに、シーン……**

オンラインによる研修でのグループワークでよく耳にするのは、「対話や議論が盛り上がらない」「誰も発言せずにお互いに様子見になってしまう」「何をしたらよいかわからず、自分から話を切り出していいのか気をつかう」といった〝あるある〟です。

せっかくリアルタイムでの対話です。もっと議論を活発化し、当事者意識を持って盛り上がるグループワークは、どうしたらつくることができるのでしょうか?

対策 **互いに自分の考えを伝え合える、心理的安全性のある場をつくる**

①場を整える

・研修スタート時から受講者各々が自由に発言できる心理的安全性を確保しましょう。
・そのために、講師側からオープンに受講者に向かって一人ひとり発言してみる練習の場を設けます。
・研修スタート時に受講者が少人数であれば、自己紹介や研修参加に向けた意気込みを全員に向かって発言する。人数が多い場合には、緊張感への考慮や時間的制約もありますので、小さいグループになって実施してもらうのもよいでしょう。
・重要なのは、研修スタート時から受講者側から発信してもらえる機会を多くし、「話をしても良い場。話すことが楽しい場」と思ってもらえる場をつくることです。

②ワークに入る前を整える

・まず受講者が何をどのようにしたら良いのか迷わないように、グループワークでの具体的な進め方を伝えましょう。
・講師から、グループワークの目的と、進め方、そしてゴールと時間、そして、時間が余ったときの過ごし方も伝えておくと議論を進めやすくなります。
・可能なかぎり全員ミュートを外してディスカッションに参加し、はじめに「リーダー」「タイムキーパー」「発表者」といった役割を決めることから始めると自然と会話が生まれてきます。

・一方で、全員がミュートを外して、複数人が同時に発言し始めると誰が何を言っているのかわからなくなることが生じます。発言の前にひと言、名前を伝えてから発言するなどといったマナーも伝えておくとよいでしょう。

・終了時間も明確に伝えることで、議論に集中しやすくなります。

・グループワークの進め方の説明を講義スライドに追加しておくと丁寧な運営になります。

③ワーク最中には入り込む

・各グループの対話に講師も積極的に参加し、質問やメンバーに発言を促しましょう。

・講師が入ると固くなる場面もあるかもしれません。受講者と同じ目線で一緒に考えるスタンスをとるとよいでしょう。

・良い発言や質問は積極的に誉め、他の参加者の意見や質問を引き出すような潤滑油のような役割を講師は担います。

・他のチームの状況も時には伝え、発想や議論のきっかけをつくっていきます。

・そして、笑いを大いに歓迎し大切にしましょう。

④ワーク後は次に備える

・グループワークが終了し、全体共有等になった場合には、ワーク実施の中で良かった発言や考えを個別に共有し、グループ名や個人名を称賛することも大切です。
・自分の発言が全体の価値あるものになっていることを認識してもらい、さらなる発言のきっかけづくりもしていきます。

自らの発言を覚えていてくれたり、自分の発言で場が活性化したりすることはうれしいものです。

ビジネスシーンにおいて、「配慮」は必要ですが、「遠慮」は要りません。どんどん発言し、互いに自分の考えを伝え合える心理的安全性をいかにつくれるかがキーポイントになるでしょう。

こんなとき、どうする？

受講者のシステム環境が整わない

あるあるケース **通信がよく切れる！**

オンライン研修がゆえのよくある相談が、「受講者のシステム環境を整えるのが大変」「講義の途中で通信が切れてしまわないか心配」「当日の通信トラブルによって講義が中断し、他受講者に迷惑が掛からないか不安」などといった、「システムや通信」にかかわる〝あるある〟です。

国や地域の通信環境にも左右されがちであり、通信障害など不可避な場面もある この問題ですが、トラブルを最大限回避するためにはどうしたらよいでしょうか？

対策 **事前準備をしっかり行う**

①基本的な推奨環境を提示し、受講者の環境を整える

・オンライン研修における実施システムと通信環境の確認は必須事項になります。
・使用するオンラインシステム、推奨通信環境、推奨端末など、研修開催側が一定の推奨環境を示し受講者が悩むことなく、受講環境を確認し、整えることができるようにすることが大切です。
・受講推奨環境をＯＳやブラウザ、カメラやサウンド（マイクやスピーカー）と、一覧にして提示している場合も多くあります。お使いになるオンラインシステム（ＺＯＯＭ等）の推奨環境を参考にすると良いでしょう。
・すべての受講者や参加者というのは難しいかもしれませんが、通信環境の安定を確保するためには有線ＬＡＮでの参加をお勧めします。
・無線ＬＡＮ（Wi-Fi含む）の場合は、場所を選ばずに参加できる利便性はありますが、通信が不安定になる場合もあり、注意が必要です。

②事前に通信環境のチェックを実施する

・研修当日までに、通信環境が整っているかを確認します。
・可能であれば、事前に一度オンラインシステムにログインするなどして、問題なく通信できるか確認しましょう。

・講師および受講者の通信環境を簡易的にでも確認できる一覧を作成し、推奨環境とそれ以外の場合に分けて対策がとれるようにするもの大切です。

③当日に備えてリスクを減らす

・受講システムや通信状況に不安がある場合には、代替手段も用意することを検討します。

・通信不安に関しては、代替の通信環境としてのモバイルルーターを企業から一時的に貸与することもあります。

・また、受講者の方に表示端末や通信端末の代替としてスマートフォンなどを代替として用意しておいていただくのもよいでしょう。

・さらに、通信障害などで一時的に講義に参加できなかったメンバーがいる場合には、休み時間等を活用して、講義のフォローを実施することも忘れてはいけません。

・また、どうしても当日のシステム障害や通信障害により、スマートフォンなどからの音声のみに切り替えて参加するシーンもあるかもしれません。そういった事態を想定し、演習シートなどを電子ファイルのみの配布ではなく紙での配布もできるように準備しておくとよいでしょう。

このように、オンラインならではの「システムや通信」に関する準備はスムーズな研修を運営していくために大切な視点になります。

すべてのシステムや通信に関するトラブルを回避することは難しいかもしれません。しかし、若干の手間はかかるものの、当日になって慌てないように、事前準備をしっかり行うことが研修自体に参加者全員が集中できるようになる近道となるのです。

こんなとき、どうする？

周囲がうるさく、講義や発言が聞こえない

あるあるケース　生活音が入る、家族やペットが映りこむ

「この間ネットショッピングで頼んだ商品が届いて、家のチャイムが大音量で鳴りっぱなし！」「短縮授業を終えて帰ってきた子どもが後ろを横切っていく…」「ペットがご機嫌ナナメで吠えまくり」などなど。生活の場と働く場が一体化したオンラインならではの〝あるある〟です。誰も悪気はないとはいえ、周りの受講者は気になるもの。どうにか最小限にできないものでしょうか。

対策　思いやりの精神をもって、環境を整備する

【基本事項】

・事務局から事前に受講者が環境を整えるように伝えておく

・特に指定がないかぎりは「ミュート（マイクオフ）」で参加
・ミュート機能の位置、特にキーボードショートカットを覚えておく

【さらに意識するとGood】
・できるかぎり個室から参加する
・PCマイクではなく、イヤホンマイクやヘッドセットを使う
・壁を背にするなど位置の調整を行う、もしくは「仮想背景」を使用する

【それでもダメなら…】
・事務局側で受講者を強制ミュート

周りの受講者への思いやりの精神をもって、環境を整備してください。ただ、オンライン研修にトラブルはつきものです。「お互いさま」の心をもって、ある程度は受け入れましょう。

こんなとき、どうする?

PC・タブレット・スマホが混在する

あるあるケース

「スマホで参加してもいいですか?」

「わたし、カメラ付きのパソコン持っていないので、スマホで参加していいですか?」特に会社から業務用のパソコンを貸与していない場合、こうした問い合わせが研修事務局に寄せられることが多いようです。何人くらいまでだったら許容していいのか、そもそも研修運営に支障は出ないのか…!。こうした悩みのせいで、オンライン研修に踏み出せない企業も多く見られます。

対策

原則PCで参加。それが無理なら事前準備を

基本的には画面の視認性や機能性の観点から、可能なかぎりPCで参加いただくよう、受講者に案内することをおすすめします。とはいえ、仮に接続方法(デバイス)が混在していたとしても、オンライン研修は運営できます。ただし、最高の研修効果を生み出すために、以下の点を意識する必要があります。

【事前準備】

・あらかじめ各参加者の接続方法（デバイス）を確認しておく
・演習フォーマットを電子ファイルと紙で用意・配布しておく

【当日運営】

できるかぎり機能に頼りすぎない、シンプルな運営を心がけ、ＰＣ参加者とそれ以外の間に不公平感が生まれないようにします。

※ＰＣ参加者以外への対応方法

・講師が指名して質問し、口頭で回答してもらう
・事前配布した紙の演習フォーマットに太めのペンでアウトプットしてもらう
・チャットで質問やコメントをする時間を少し長めにとっておく（ＰＣ対比入力に時間がかかる傾向あり）

また、システム上可能であれば、受講者名を変更し、名前の前や後ろに接続方法を記載してもらうとよりスムーズに運営することができます。グループワークをする場合は、グループにPC以外の参加者が固まり過ぎないように配慮しておくと、グループメンバー内でフォローアップができます。

講師は、さまざまな受講環境があることを理解し、一律の対応で済ますのではなく、一人ひとりに向き合ったコミュニケーションをとるようにしましょう。

こんなとき、どうする？

受講形態や場所にばらつきがある

あるあるケース

受講者の環境がバラバラ！

オンライン研修を実施する際に、やむを得ず受講形態や場所がばらばらになってしまうことがあります。会社の会議室、会社の自席、会社の休憩室、自宅からの人もいれば、どうしても場所が確保できなくて、喫茶店や、車の中からという人もいました。また一部の人は講師と一緒に対面で受講し、その他はオンラインで受講、といったケースも稀にあります。

またオンラインでの受講者において、パソコンは一人一台が基本ですが、全員分が用意できずに、会議室などのスクリーンに画面を投影してそれを複数人で共有するようなこともあります。参加者ごとに分割された画面に、一人で映っている人もいれば、複数人がまとめて映っているようなケースもあります。

このように受講者間でムラが出てしまうと、全体としての効率は下がってしまうため、対策が必要です。

対策 条件がそろうよう、できるかぎりの工夫を

【研修前】可能なかぎり条件をそろえる

・条件をそろえることは研修成功の重大要件として認識し、可能なかぎりそろえることを目指しましょう。

・一部は対面、一部をオンラインといった参加形態のバラつきはやむを得ない場合を除いて極力避けたほうが無難です。オンラインでの受講者が距離感を感じやすいといえます。

・事前準備の段階で受講者に条件を整えられるかを確認して、難しいようでしたら、場所の提供等、会社としてのサポートをしましょう。

・最低限、パソコンを一人一台準備することは徹底しましょう。

【研修中】各自の条件を明確化して工夫する

・やむを得ず条件がそろわず実施する際は、たとえば名前の表示の後ろに参加場所を記載するなどして、各受講者の条件を認識できる状況をつくりましょう。

・属性の同じ受講者を同じグループにすると、（自宅組は自宅組で、会社組は会社組とする）前提が同じのため、比較的グループワークもやりやすくなります。
・一人だけ特別な条件で受講する場合、時折、講師がその人に話をふるなどして、置いてきぼりにならないようにします。

【研修後】ギャップの確認、すり合わせ

・事後課題やテストを実施することで、条件の異なる受講者間でギャップが生じていないかを確認できます。
・研修終了後に、研修アウトプットやＱ＆Ａを全体で共有することでも、受講者のギャップ解消、すり合わせに有効です。

こんなとき、どうする？

講師のファシリテーション力に不安がある

あるあるケース

「慣れないオンライン研修に不安がある……」

受講者の気づきや学びの成果は、講師のファシリテーションによって大きく左右されます。それほど研修において講師のファシリテーション力は重要な意味を持ちます。

ファシリテーションに求められるスキルの根本はオンラインでもリアルでも大きく変わることはありませんが、オンライン研修を始めたばかりの頃は、ツールの使いこなし方に不慣れなことなどもあり、「リアル研修と比較すると、上手にファシリテーションすることができない」と感じる方も多いのではないかと思います。

もちろん、人間は機械ではありませんので、毎回、完璧なファシリテーション、均質の場づくりができるかというと難しいこともあるでしょう。しかし、プロとして、極力、安定したパフォーマンスを発揮できるようにしておきたいものです。

では、そのためにはどんな対策が考えられるでしょうか。

対策 全部自分でやらねばと頑張りすぎない

①事前準備を怠らない

安定したファシリテーションのパフォーマンスを発揮するうえで、事前準備は欠かせません。研修全体の目的や受講者の特性などを踏まえたうえで、いつ、どのようなタイミングで、どのようなファシリテーションを行うのかについて事前に大まかな設計をしている人とそうでない人には明らかな差が出てくるでしょう。

たとえば、会議などのファシリテーションを行ううえで意識しておきたいフレームワークにOARR（オール）があります。各々の項目の意味は以下のとおりです。

- O（Outcome）：目的、成果物
- A（Agenda）：検討項目、段取り
- R（Role）：役割分担
- R（Rule）：規則、制約

研修においても、こうした項目を意識しながら、どのような投げかけで意見交換を活性化させるのか、どのようなフレームワークを、どのタイミングで受講者に提示するのかなどを、事前に戦略的に検討し、シミュレーションしておくことが大切です。こうした準備は優れたタイムマネジメントにも通じ、無駄のない効率的・効果的な運営に役立つのです。

②全部、自分で仕切ることを辞める

ファシリテーションに慣れていないときに陥りやすい「あるある」が、「すべて自分だけでやろうと仕切りすぎてしまう」ことです。この傾向は、ファシリテーションがうまくいかなくなった場面などで特に顕著になります。気持ちの焦りもあるのでしょう。ファシリテーションがうまくいかないことで、「場」全体の空気が変わってきた。その重たい雰囲気をすぐに変えなければならないというプレッシャーからか、次のようなケースが見受けられます。

・ひたすら自分だけが長い話を続けてしまう
・特定の受講者とのコミュニケーションが増え、その他の受講者が「置いてけぼり」

になってしまう

・最後まで他者の発表を聴けなくなる

・結論づけることを急いでしまう

こうしてどんどん負のサイクルが回り出し、自分で自分の首を絞めてしまうのは本当にもったいないことです。

これはオンライン研修であってもリアルの研修であっても同じですが、研修の場はみんなでつくり上げ、みんなの力でその価値を高めていくべきものです。「講師である自分がすべてを仕切らなければ」という意識でガチガチになるのではなく、講師と受講者が相互作用し合う場づくりを心がけてみてはいかがでしょうか。私たちＨＲインスティテュートは、「主体性を挽き出す」という経営理念を掲げ、コンサルティングや研修などの場面において、その考え方をとても大切にしています。私たちが考える理想の研修とは、講師が段階的に教えることや指示する行為を少なくし、受講者の皆さんが自発的にそれらの行為を担うような状態に移行させていく。そんな場づくりこそが、研修におけるファリリテーションの理想的な状態であると考えます。

こんなとき、どうする？

伝達すべき事柄が多い

あるあるケース **ついつい盛り込みすぎてしまう！**

オンライン研修で「時間が足らなくなった」「終了時間がオーバーした」という話をちらほら耳にします。講師も受講者もオンライン研修に不慣れなうちは、都度の操作方法の説明であったり、ちょっとした通信トラブルに見舞われたりと、余計なところに時間を奪われてしまうケースも多いでしょう。

それに加え、「オンライン研修で時間が余ることが怖いので、いつも以上にスライドの枚数を増やしてしまった」「受講者の集中力を考え、通常よりも1時間短縮での研修実施をお願いされたのにもかかわらず、内容のボリュームをそぎ落としきれなかった」といった話も耳にします。

限られた時間に対し、伝達すべき事柄が多い。皆さんがそう感じるケースは少なくはないと思います。そのようなときにはどう対処すればいいか考えてみましょう。

対策 事前準備を万全に

①事前に伝えるべきポイントを絞り込む

「あれも伝えてあげたい」「これも伝えてあげたい」。講師としては受講者のためを思ってそうしているのかもしれませんが、話（講義時間）が長すぎること、研修内容のボリュームが盛りだくさんすぎることは逆効果です。まずは、もともとのコンテンツ・ボリュームを、リアル研修の場合の4分の3くらいに絞り込むことを心がけましょう。

②事前に受講者のニーズをつかんでおく

限られた時間の中で最も効果的な研修運営を行うためには、事前アンケートなどで、受講者が一番、知りたいこと、学びたいポイントなどを把握しておくべきです。例えば、「コミュニケーション」について学ぶ際に、コミュニケーションのどういったところに問題意識があるのか。職場のどんな場面でそれらを活かしたいと思っているのか。それは人によって大きく異なります。それらを掴めていない状態で研修当日に臨むのではなく、彼ら受講者に刺さる重点ポイントを事前に見極めておくのです。

そして、研修当日に「××さんは、こういった場面での問題意識を持っていらっしゃるようですが、その場合は……」といったように、個人名でアドバイスをさしあげることで、1対nのオンライン研修において、受講者とより1対1に近い関係性を築くことができるようになります。受講者にしてみれば、「しっかり事前課題に目を通してくれている！」「自分だけのためのアドバイスをもらえた！」と嬉しい気持ちになり、研修受講のモチベーションにも影響するはずです。事前準備はやはりとても大事です。

③事前学習を厚くして実施する

オンライン研修において、伝えるべき事柄が多い際には事前学習のボリュームを厚くすることをお薦めします。つまり、基本的な知識のインプットなどは事前課題にする。そして、オンライン研修の当日は、演習やディスカッション中心の内容で実施することで、有益な時間の使い方を目指すというものです。

オンラインとリアルの研修のハイブリッドで実施をするような場合にもこのやり方は適しており、一般的には「反転学習（授業）」と呼ばれています（18ページ参照）。今後、学校教育や社会人の教育研修等においてはこのようなスタイルで実施するパターンが増えてくるのではないかと思います。しかし、この「反転学習」と呼ばれる仕組みは、受講者に適切な学習環境や自発的な学習意欲があることを前提に考えられたものであり、その前提が崩れてしまうとかえって学習効果を下げてしまう、または、受講者の学びに濃淡が生まれてしまうといった結果にもなり兼ねません。そうしたデメリットがあることも踏まえつつ、今後は受講者レベルや「反転学習」が合うテーマ、そうでないテーマなどの見極めをしていくことが大切になってくると思われます。

首が凝る、姿勢が疲れる

あるあるケース　**首が凝る、姿勢が疲れる！**

オンラインの会議や研修に長時間参加していて、首が凝ったり、腰や背中が痛くなったりという経験はないでしょうか。

コロナ禍で在宅ワークが増える以前から、同じように首を痛める現象は増加していました。「ストレートネック」と言われる現象です。人は直立してまっすぐ前を向いていれば、骨盤から頸椎にかけて背骨がS字になり、負担を分散するようにうまくできています。しかし在宅ワークで猫背や前傾姿勢が続くとこのS字カーブが失われ、首の負担が大きくなってしまうのです。

ではなぜ在宅ワークをしていると猫背や前傾姿勢になりがちなのでしょうか？

そもそもオフィス用の机と椅子に比べて、自宅のダイニングテーブルと椅子は「テーブルが低く、椅子が高い」ことが多いそうです。オフィスは仕事を、ダイニングは食事を主な目的としていますから、そもそも設計が異なるのでしょう。首以外にも、腰や背中を痛めたという方もいるのではないでしょうか。先に触れたように、そもそも同じ姿勢でずっといること自体が身体に負担をかけています。オフィスであれば同僚と話をするために少し立ったり、ものを取りに行ったりと実はこまめに動いているものです。ところが、自宅から長時間の会議や研修に参加すると、パソコンにずっとくぎづけで気づけば数時間座りっぱなし……そんな状況が起こりやすくなります。

ではどのような対策が考えられるでしょうか。

対策 体調を整える工夫を常日頃行う

【ストレートネック対策】
・専用の台や箱などを使ってＰＣのモニターの位置を上げる
・机をスタンドアップデスクにする
・ノートパソコンではなく、デスクトップ型のＰＣにしてディスプレイの位置を高くする

・時折上を向くように、正面の壁にスケジュール表や時計などを掛けておくなど

【「動かない」ことへの対策】

・こまめに休憩をとり、立ち上がって伸びをする
・研修中は講師もメリハリをもってストレッチをする
・参加者で運動をしていた・している人がいれば、おすすめのストレッチを紹介してもらいみんなでやってみる

このような対策をとることで受講環境を整える必要があります。講師は常に、受講者や参加者の体調面にも配慮を示すように心がけましょう。

こんなとき、どうする？

受講者の戻り時間がそろわない

あるあるケース

グループ演習や休憩の終了時間になっても受講者が戻ってこない！

使用する会議システムによって状況は異なりますが、グループでの演習を複数の会議に分かれて実施する場合に、決められた終了時間になっても受講者が全体の会議に戻ってこないことがよくあります。

対面での研修であれば、他の受講者にも議論の進捗が見えていますし、直接声をかけて席に戻ってもらえば解決できますが、オンラインの場合は悩ましい問題です。

また、休憩後も同様に遅れる受講者が発生しますが、オンライン研修ではちょっとした時間を周りの受講者と雑談することもできず、パソコンで常に「時計」を見ていて時間への感度が高い状態のため、かなり気まずい雰囲気になってしまいます。

対策 4つの対策で対応する

対策を以下の4つに分けて解説します。

①演習と休憩の時間は「終了時刻」や「開始時刻」で案内

対面では「演習時間は●分間です」といった運営でも問題ありませんが、オンラインでは御法度です。休憩の場合は「●時●分から再開します」と明確に伝えるようにしましょう。

②休憩の終了時刻を見える化

すべての受講者が確認できる手段（チャットなど）で通知します。会議システムによっては別の会議に移動すると、講義の会議のチャットが見られなくなるので、各グループを回って、それぞれのチャットに書き込む手間も惜しんではいけません。

③グループ演習の終了直後に休憩を挟む

グループ演習の終了後に休憩を設定しておくと柔軟性が高まります。グループ演習はグループごとの進捗に違いが出やすいため、戻りがそろわない状況への対処も勘案して、タイムスケジュールを立てておくと便利です。

④休憩後に〝待つ時間〟を決め、受講者に通知

対面とも共通しますが、オンラインの場合は常に「時計」を目にしているので、決められた時間に戻らない受講者は他の受講者の意欲を低下させるリスクが高まります。研修開始前に事務局と待つ時間を取り決めておく必要もあります。また、「投影スライド（休憩用のスライド）」を投影して、受講者がカメラを気にせず再開を待てるようにする配慮もあったほうがよいでしょう。

第7章

オンライン研修の未来

1

デジタル化×オンライン化が学びを加速させる

●情報技術の進化がライフスタイルを変えた

インターネットの普及とデバイスの進化は、現代人のライフスタイルを大きく変化させました。通信技術の進化はあらゆる形態の情報を人とモノの間に流通させ、5GによりPCやスマートフォンといった端末はいよいよインターネットとつながるためだけの道具となり、すべての情報がクラウド（巨大なデータベース）に集約される時代を迎えつつあります。

アナログからデジタルへのシフトは世の中のあらゆる分野に広がり、デジタルの世界でも自己表現の方法はブログからSNS（ツイッター、フェイスブック、インスタグラムなど）、ユーチューブへと変化しています。

●学びの世界も情報技術とともに変化している

学びの世界も情報技術の進化に合わせて変化しています。日常の生活の中で何かわからないことが出てきたら、人的ネットワーク（家族や友人などのリアルな知り合いだけでなく、「Yahoo! 知恵袋」のようなつながりも含めます）や動画（ユーチューブ）を通じて情報を得ます。最近では、特に操作方法のような動きを伴う説明において、動画の優位性が際立っています。

こうした個人の学びの変化に比べると、組織の学びはＯＪＴと集合研修に限られており、ＩＴ活用で遅れをとっている状況です。

●組織の学びがさまざまな分野と融合する

オンライン研修の普及は、組織に閉じた学びを解放するきっかけになる可能性があります。

組織の学びには、知的財産などの守秘義務を伴うものもありますが、他の組織にも活用できる知見があふれています。学校や会社といった特定の組織内部で、口伝や社内文書で受け継がれているノウハウが巨大なデータベースの中に蓄積され、異なる組織で活用されることによって、まったく異なる成果をもたらすこともあるでしょう。

開かれた世界に放つことができる有益な知識や知恵が残されていることは、未来に

図45 マイクロラーニングが教育を変える

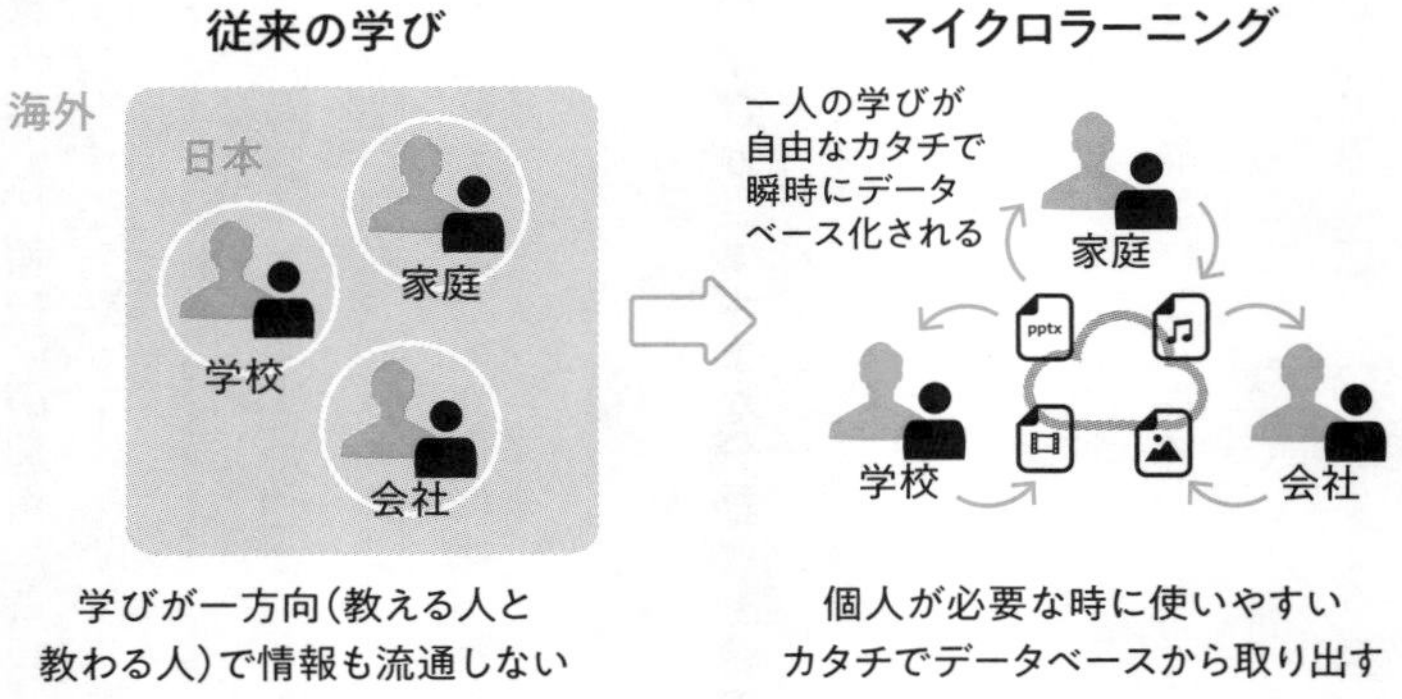
従来の学び
海外
日本
家庭
学校
会社
学びが一方向（教える人と教わる人）で情報も流通しない
マイクロラーニング
一人の学びが自由なカタチで瞬時にデータベース化される
家庭
pptx
学校
会社
個人が必要な時に使いやすいカタチでデータベースから取り出す

対する希望でしかありません。さまざまな学びが融合すれば、新たなアイデアやイノベーションが生まれる可能性も高まります。

●個人の学びが世界に貢献する時代へ

本や雑誌で取り上げられるようなテーマ性の高い大きな学びは、流行り廃りはあっても、すでにある程度体系化されています。

一方、私たちは一人ひとりが他人と異なる経験を通じて独自の学びを蓄積しながら生活していますが、個人の小さな学びの多くはまだ、その人の中に閉じたままです。

こうした小さな学び（マイクロラーニング）がさまざまな場面で活用されれば、一人ひとりが世界をよくすることに貢献する新しい時代を迎えるはずです。

2

オンラインは人材育成のあり方を変えていく

●オンライン研修が「研修」の概念を変える

オンライン研修という新たな学び方が受け入れられたことで、従来の研修の定義（対面による集合研修）は見直しを余儀なくされました。

しかしながら、「対面による集合研修」という定義を紐解いてみても、知識の習得を目的とした講演形式もあれば、限りなくＯＪＴに近いアクションラーニング（現実の問題に対する解決策を考える実践的な研修）、知識の習得は研修前に行い、研修時はアウトプットだけを行う反転学習などさまざまです。

もともとあった違いに「オンライン」という手法が加わることによって、学び方のバリエーションはますます多様化することが予想されます。

●オンラインは集合研修が抱える問題の解決を促す

集合研修は特定の階層（役職や職種）で共通の学びが必要な場合に実施されるため、一人あたりの教育費を基準にすれば、効率的な育成方法といえます。

一方で、受講者を特定の日時と場所に集めるための費用が生じるため、回数を増やすことが困難です。また、集合研修での〝総合的な学び〟は、受講者個人の状況に合わせにくく、実際の個々の業務に対する適合度合いや活用が可能なタイミングや頻度にバラツキが生じます。

オンラインを用いた育成のあり方は、集合研修のデメリットを解消することにつながる可能性があります。

●オンライン研修は学びの短時間化と細分化を加速させる

オンラインであれば、移動に伴う費用が生じないことから、実施の回数を増やすことができます。また、「できるかぎり1日で多くを学ばせたい」といった意向も働きづらくなるので、適切なタイミングで適切な学びを提供しやすくなります。会議室を利用しないため、会議室の都合を気にする必要もありません。

オンライン研修の普及は、研修の短時間化やテーマの細分化を加速させるでしょう。たとえばコミュニケーション研修であれば、「傾聴力」「質問力」「プレゼンテーション力」の3つに分解して、それぞれ2～3時間で実施し、すべて受講する人もいれば、どれかひとつだけに参加する人もいるといった変化です。

加えて、回数を増やせるようになれば研修後のフォロー施策のウエートが高まり、定着を図る研修も増えていきます。

●オンラインは人材育成のあり方を変える

短時間化と細分化が進むと、オンラインは個別指導での活用場面が増えるかもしれません。

たとえば、営業活動のヒアリングがうまくいかなかった社員がその経験から気づいた自分の欠点を専用の掲示板に投稿し、適切なアドバイスを求めたら、その投稿を見た上司や先輩が空き時間を提示して即座にオンラインで対話する、といった活用法です。

オンラインは「1対1」の空間を容易につくるツールでもあるので、部下と上司という場面、さらにはビジネスにも限定されず、絞り込まれたテーマでの学びを希望する人に対してノウハウを持つ人が導き手を担うプラットフォームとなり得ます。

図46 学び方の自由度が高まる

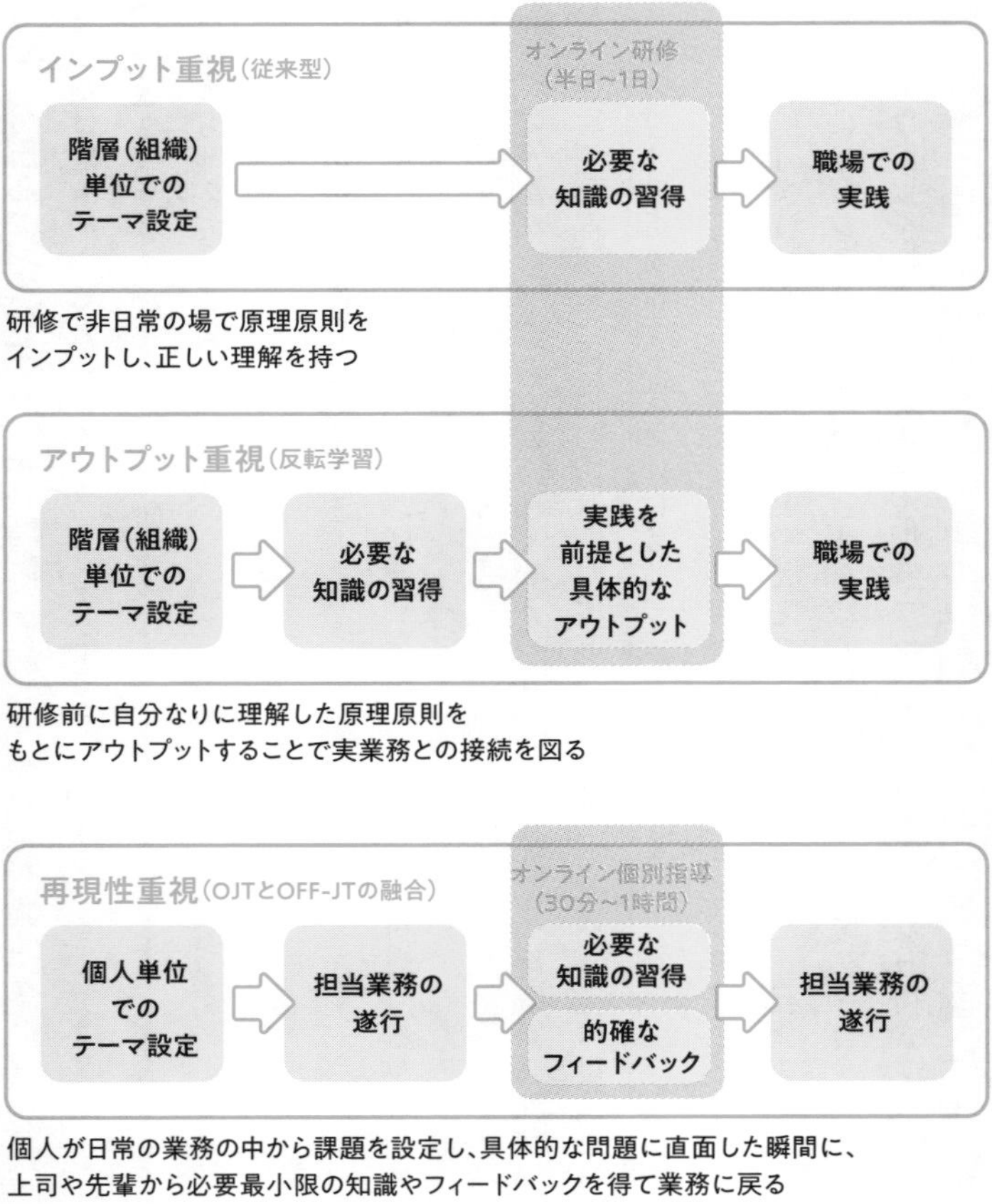

研修で非日常の場で原理原則を
インプットし、正しい理解を持つ

研修前に自分なりに理解した原理原則を
もとにアウトプットすることで実業務との接続を図る

個人が日常の業務の中から課題を設定し、具体的な問題に直面した瞬間に、
上司や先輩から必要最小限の知識やフィードバックを得て業務に戻る

3

オンラインで世界各国のメンバーとつながって学ぶ

●グローバル拠点メンバーの集合研修の行方

世界各国の拠点から、国籍、宗教、習慣、価値観の異なる多様なメンバーが、研修のためにひとつの場所に集まる。多様なメンバーで構成されたグループで、与えられた課題に対してディスカッションを通じて、ひとつのアウトプットをつくりあげていく。相手へのリスペクトに包まれた空間で多くの新たな発見を得ることで、自分の成長を実感する。研修終了後は懇親会で大騒ぎ。同じ釜の飯を食べた仲間は〝同志〟となって数年後の再会を約束し、また世界各国の拠点に戻っていく――。

グローバル展開を進めているいくつかの企業で、私たちはこのような研修を企画、運営させていただいてきました。交通費や宿泊費、それに移動時間も考えると、莫大な費用がかかります。それでも毎年のようにこのような研修が実施されているのは、企業が、そこで生まれるものに費用以上の価値があると判断しているからです。

しかし新型コロナウイルスの影響で、このような研修は当面実施が難しくなってしまいました。では、これをオンライン研修で代替することは、可能なのでしょうか。

●アジアリーダー層におけるオンライン問題解決研修

弊社は某企業様向けに、アジア各国の拠点のリーダー層を集めたオンライン問題解決研修を企画しました。拠点間の時差が大きすぎると難しくなりますが、時差が1～3時間の範囲内でしたら、それほど意識することなく研修に臨めます。研修には日本、韓国、中国、タイ、ベトナム、フィリピン、バングラデシュ等の拠点から、同程度の職位のメンバーがオンライン上に集まります。

研修当日は、それぞれの拠点の抱える問題点を共有したうえで、共通のフレームワークを使って問題を分析し、解決策を考えていきます。時には進行に戸惑うこともありますが、それでもリアルタイムで時間を共有していることで、活発な意見交換がなされ、分析が深まっていきます。

●対面型と比べたメリット・デメリット

このような研修をオンラインで実施する際のメリットについて見ていきましょう。

第一に、費用が圧倒的に安くなることが挙げられます。トータルの費用で比較すれば何十分の一となることも珍しくありません。受講者の負担も少なくなるため、これまで2年に1回やっていた研修を、1年に2回実施することも可能になります。

また、自分と同じような悩みを抱えた、同じグループに所属する別拠点の社員からの情報、フィードバックをより簡単に得ることができることも、オンライン研修のメリットです。

逆にデメリットとしては、空気感が共有できないため、やはり対面型ほどの仲間意識を生むことは困難です。アウトプットは生み出せるものの、苦労して仲間とつくり出したという感覚は（対面型と比べれば）持ちにくくなります。

また対面型の研修では、物理的に移動して異国に来ることで、普段の業務と離れた環境で学びに集中できますが、オンラインだと普段の業務から気持ちを切り替えることが難しくなります。

こうしたことを考えると、これまで対面で実施してきたグローバル拠点メンバーの集合研修の目的をオンラインで達成することは難しいでしょう。しかし一方、オンラインを活用することで、低コストで質の高い学びの空間をつくることができるのも事実です。

これからの時代、オンライン研修は、従来の対面型研修の代替というだけではなくなっていくでしょう。新たな教育機会として、グローバル拠点をつないだオンライン研修の可能性が注目されています。

4

個人の学び履歴データ活用（アウトプットの保存、蓄積、ＡＩ化）

●万物は情報を発する

本書ではここまでオンライン研修のメリットについて論じてきましたが、前提として、研修が「オンライン」すなわちデータのやり取りの中で行われているということを忘れてはいけません。

そして、この前提にあるメリットを最大限活かせるのが、**情報の「見える化」「蓄積」「再活用」**になります。

現在では当たり前になりつつある「デジタルマーケティング」の思想を企業内研修にも展開できることは大きな可能性を秘めていると感じます。

デジタルマーケティングの思想のポイントは、「データ取得性」「双方向性」「即時性」「検索性」「データ再利用性」。これを研修に置きかえると、「受講者の発信情報の取得」「互いのインプットとアウトプット」「その場の議論や意見の見える化」「必要情報やソースの検索」「研修全体（事前／実施／事後）で収集、取得したナレッジの再利用」となります。これらによって**顧客価値最大化**（≒研修効果最大化）を設計することも可能となってくるでしょう。

これまでの集合研修においても、ホワイトボードをデジタル化したり（インテリジェントホワイトボードなど）、作成したアウトプットをメールで送受信したりと、学習に紐づくデータとして保存・共有する試みはなされてきました。またウェブ上でアイディアを出し合ったり、ホワイトボードを共有したりするサービスも増えているなど、人材育成や学習領域にもデジタルトランスフォーメーションの波はより大きくなっています。

一方、従来型の集合研修の良さも忘れてはいけません。一堂に会する人間対人間の「空気感」、大勢いる中でも即座に1対1でのコミュニケーションをとることができる「瞬間的関係性の醸成」、雑談があるからこそ生まれる「遊び創発的なアイデア」など、オフラインで会っているからこその価値も多くあります。

人間とは「人の間（あいだ）」と表現されるように「間（あいだ）」はとても重要な情報交換の場になっているのです。

さらに研修一連の場において、この「間（あいだ）」を構成するものを大きく**「知**

性の間（論理的に言説化、表現できる頭脳）」「感性の間（非論理的で言説化できないが表現したい心）」の2つに構造化してみると、これまでの情報取得および共有に関しては「知性の間」に偏重していることが見えてきます。

●オンラインでもオフラインでも学びの構造を進化させる

では、今後のオンライン研修の価値はどのように進化していくのでしょうか？

我々が大切にしている研修時のアウトプット重視というのは、そこで交換された「知の間」の成果物に加え、そこで交換された結果としての最終成果物には残しきれない「感の間」という人間だからこそ発信する情報にも大きな価値があると考えているからに他なりません。

何かを表現したいと思ったときには、その背景に何かしらの感情があり、その感情が場をつくりあげていることを無視するわけにはいかないのです。

しかし、これまでの集合研修においては、この「感の間」に価値ある情報が交換されていたとしても、それを収集、蓄積することはできていませんでした。むしろ個々人が受け取る「感の間」に委ねられてきたのが実情だと思います。

今後は、この「知の間」と「感の間」の双方が、一定の情報取得によってより個人学習や組織学習の高度化に寄与していくと考えています。

オンライン研修時であれば、各々が発信している「音声」「抑揚」「目の動き」「口の動き」「手の動き」などはカメラとマイクによってキャッチできますし、オフライン研修時でも映像と音声を取ることは可能です。さらに、「発言頻度」や「発言音量」など、時間ごとのトーンの違いによって議論の活発化の測定や、「手の動き」「目の動き」などによって思考の活性化が見える化されることも可能になるでしょう。

最終的なアウトプットに表現される前や後の様々な情報を捉え、蓄積することによって、これまで捉えきれなかった受講者の情報をリアルタイムで蓄積していくことが可能になります。

そのほかにも、「知の間」としてのテキストデータやホワイトボード情報、まとめた資料情報も容易に蓄積、解析できるようになっていきます。

そして、これらの情報を基に、ＡＩ等を活用し自組織の「思考パターン解析」や「社員の強み・弱み分析」、さらには、「他受講者メンバーが出していたアイデアや思考と行動」の履歴から新しい視点の切り口が見つかるといった再利用も可能になってきます。

これらの一連の流れで取得できるデータとその分析結果を、次なる研修の効果向上

図 47 レコーディングやデータマイニングなどによって効果を高める

オンラインでの大きな特徴はデータとして議論やアウトプットを残し蓄積できること。研修を実施し、そのデータを蓄積していくことでメンバーの思考特性や強み弱みの把握、また、今後のアイディア創造への新しい切り口への示唆にも使える。

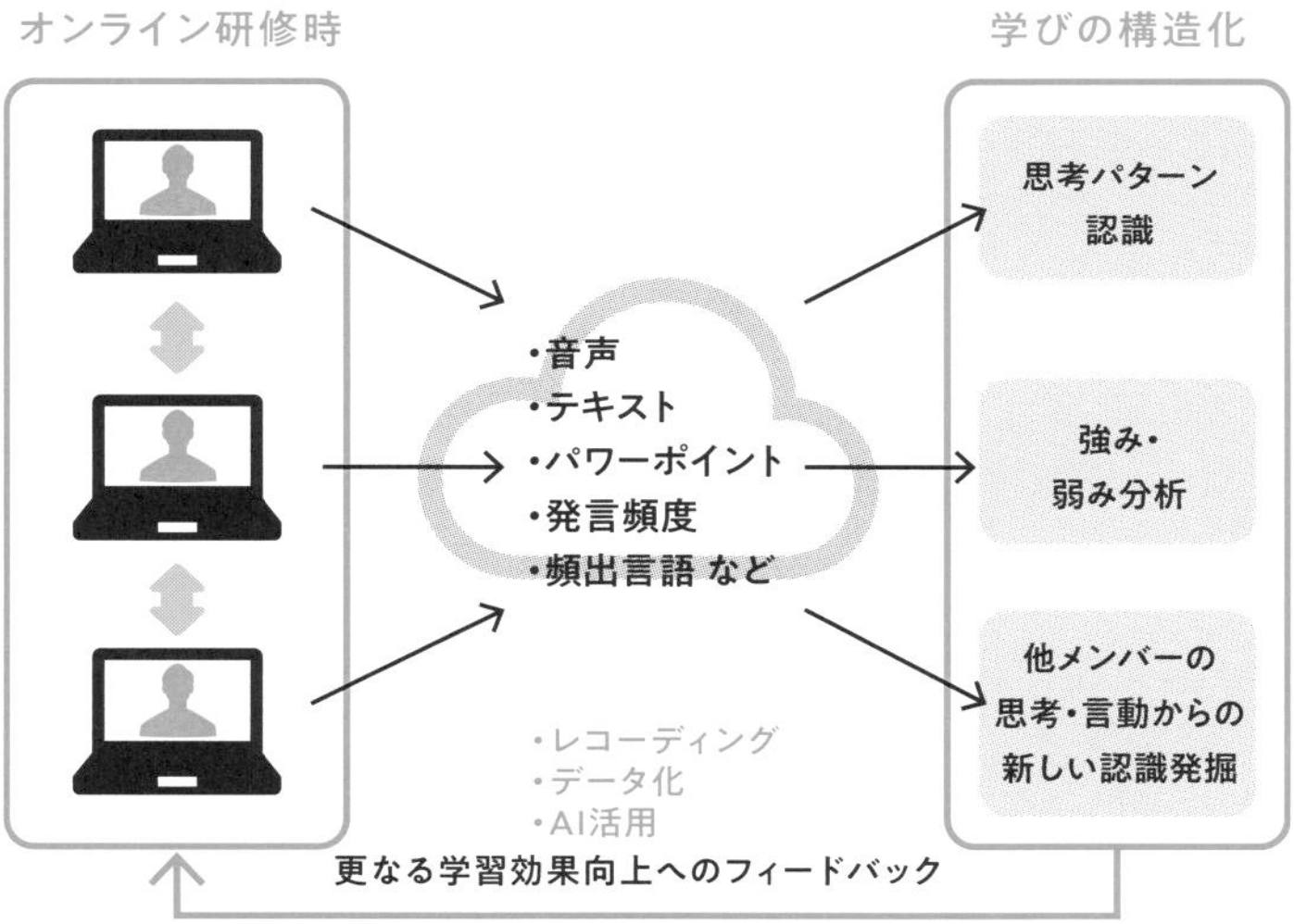

これまでの集合研修では捉えきれなかった参加者からの発信情報を蓄積し、更なるナレッジの再活用を実現できるようになる。

へ再利用することは更なる顧客価値（受講者の成長）の向上につながっていくことでしょう。

オンラインでの実施だからこそ気がついた「情報」「データ」の収集と分析と活用を、オフラインでも実施する動きはさらに強まっていくように思います。

オンライン研修の幕開けと同時に、社員への学びの場の提供というプラットフォームに、事実に基づきながら、新しい価値を創造できる「価値ある情報のライフサイクル」がオンラインとオフラインともに広がっていくことを期待しています。

5

AR・VRの活用

●テクノロジーの活用は止まらない

コロナ禍をきっかけに企業の人材育成でのオンライン活用が急激に進歩しましたが、今後もテクノロジーの活用は進むでしょう。既にHRテックと言われる領域が生まれており、AIで学習履歴データを分析し、個人に最適化した学習プログラムやコンテンツに活かすという取り組みなどもサービス化されています。

こうしたテクノロジーの中でも今後の研修を大きく変える可能性があり注目したいのが、AR（Augmented Reality：拡張現実）やVR（Virtual Reality：仮想現実）といったバーチャルな体験と研修の組み合わせです。VRを活用すると、物事を見る視点を抜本的に変えて、異なる視点を疑似体験することができるようになります。

●VRが活用される領域

ＶＲの特徴は、圧倒的な没入感の高さです。ヘッドマウントディスプレイをつけ、本人目線で撮影された映像を見ることで、あたかもその仮想現実の世界に実際にいるような感覚になります。つまり、ＶＲ視聴を通じて、当事者目線を疑似的に体験でき、「気づき」や新たな視点を獲得することが期待できます。

この特徴を利用することで、幅広いテーマでＶＲの活用が始まっています。たとえば、障がい者、妊婦、認知症患者、ＬＧＢＴなどの社会的マイノリティの生活を疑似体験し、当事者の立場や心情を理解し行動変容につなげる研修に活用されています。他にも、リアルには再現しにくい災害やトラブルなどを疑似体験することで安全への意識を高める教育にも活かされています。

今後は、これまで「見て盗む」ことでしか獲得できなかった熟練の技を、ＶＲで疑似体験することで着眼点や体感覚を養う取り組みや、経営者など「なってみないと分からない」立場や視点を理解するテーマにも展開できるのではないかと考えています。

●ＶＲ研修でダイバーシティを学ぶ

弊社でも株式会社リクルートと協業し、ＶＲを研修で活用する取り組みを始めています。テーマは「育児と仕事の両立」です。両立する社員の１日をＶＲで体験することで、仕事中だけでは見えない相手の置かれている状況の理解を深め、当事者意識を持ってアクションが取れるようになることを目指したプログラムです。

主に両立社員を部下に持つマネジメント層を対象に、VR視聴をしてもらい、その後、両立社員を活かすマネジメントのあり方、組織成果を最大化するためのアクションを考えてもらう3時間研修として実施しています。

●VRは2D動画より学習効果が高い

果たして、VRは本当に学習効果が高いのでしょうか。それを検証するために、全く同じ研修運営の中で、ケースワークのツールだけを①テキスト、②2D動画、③VRに置き換えて、3クラスの結果を比較するABCテストを実施しました。

結果として、VRの高い効果が明らかになりました。ケース視聴後のグループワークの発言数は圧倒的にVRが多く、一人あたりの発言数及び発言時間も最大になりました。

また、アンケートでは主人公の立場への理解度が最も高く、コメントでも「他人事ではなく感情移入できた」「より一人称の立場で当事者として見られた」といったコメントが多く上がっていました。

●当事者視点を獲得することの重要性

研修にケースワークがあると、より実践的に身近に引きつけて理解しやすいことは皆さんもご存じだと思います。それでも、2Dや紙のテキストでは客観的に物事をとらえがちですが、VRになると当事者視点を得やすく、理屈だけでなく感情としても理解がしやすいということがわかりました。

VRを活用して立場や視点の違う他者理解を促し、視聴後により深くディスカッションすることで、「理論」を「実感」としてとらえることができるようになります。

今後、VRを自宅に1台ずつ準備できる環境が整えば、VR視聴からその後のディスカッションまですべてオンライン上で実施することも可能になり、VR研修が急速に広がっていくと考えられます。

あとがき

本書を最後まで読んでくださり、誠にありがとうございます。

「はじめに」でも触れたように、オンライン研修はあくまで手段で、人材育成や教育を補完するひとつの方法にすぎません。しかしオンライン研修の登場は、手段にとどまらない影響を及ぼしつつあるとも感じています。

それは本書でも触れた、マイクロラーニング、パーソナライズ化の進展です。従来の育成は、そこに携わっている当事者としての課題も踏まえていえば、やはり画一的なものでした。新型コロナウィルスという黒船によってオンライン研修が必要とされ、実施していく中で、そうした従来のあり方を振り返るきっかけとなりました。

入社したら新入社員研修を受ける。管理職になったら管理職研修を受ける。その中身は全員に共通で、場所も日時も決められている。もちろん、原理原則に該当し、共通して理解すべき部分については、今後もこうした研修は必要です。一方で、人はそれぞれ、保有している知識やスキル、タイプも異なりますから、本来の教育は各人の状況に照らして設計され、実施されることが理想です。

オンライン研修の〝波〟は、こうした当たり前のことを私たちに気づかせてくれました。単に育成の場所が会議室や職場からオンラインに変わっただけ、という捉え方に留まっているようでは、変化を起こすことも、変化に乗ることもできません。これを機に育成のあり方を見直し、新たなモデルをつくる。それにより一人でも多くの人の育成の質を高めていくことにこだわる。こうしたことが企業経営はもちろん、人材育成や組織開発に携わる人に求められているように感じています。


本書は多くの人の創意工夫と協力をもとに誕生した、日本初の「オンライン研修」に特化した書籍です（※自社調べ）。

本書執筆のきっかけをくださった弊社創業者兼フェローの野口吉昭氏、「オンライン研修」という輪郭のはっきりしないテーマを書籍にして出版する機会をくださったディスカヴァー・トゥエンティワンの千葉さまはじめ、かかわってくださった皆さんにメンバー一同感謝をお伝えします。

こうして執筆している今もなお、リアルの世界はもちろん、オンラインでも多くの人とのつながりを感じています。つながりが増える分、新たな発想も生まれ、育まれ、形になっていくのではないでしょうか。

これからもつながりを大切にしながら、企業やそこで活躍する個人の皆さんとかかわっていければと思います。

HRインスティテュート　メンバー一同

図解 オンライン研修入門

発行日　2020年10月25日　第1刷

Author　HR インスティテュート
（稲増美佳子　江草嘉和　江口瑛子　太田希　岡村美香　狩野尚史　国友秀基
酒井瑛司　櫻橋淳　高尾祐輝　塚田泰弘　虎谷秀信　藤森啓子）

Chief-Author　三坂健

Book Designer　新井大輔（装丁新井）：カバーデザイン
小林祐司：本文デザイン＋DTP

Publication　株式会社ディスカヴァー・トゥエンティワン
〒102-0093　東京都千代田区平河町2-16-1 平河町森タワー11F
TEL　03-3237-8321（代表）03-3237-8345（営業）／FAX　03-3237-8323
http://www.d21.co.jp

Publisher　谷口奈緒美
Editor　千葉正幸

Publishing Company
蛯原昇　梅本翔太　原典宏　古矢薫　佐藤昌幸　青木翔平　大竹朝子　小木曽礼丈　小山怜那
川島理　川本寛子　越野志絵良　佐竹祐哉　佐藤淳基　志摩麻衣　竹内大貴　滝口景太郎
直林実咲　野村美空　橋本莉奈　廣内悠理　三角真穂　宮田有利子　渡辺基志　井澤徳子
小田孝文　藤井かおり　藤井多穂子　町田加奈子

Digital Commerce Company
谷口奈緒美　飯田智樹　大山聡子　安永智洋　岡本典子　早水真吾　三輪真也　磯部隆
伊東佑真　王廳　倉田華　榊原僚　佐々木玲奈　佐藤サラ圭　庄司知世　杉田彰子　高橋雛乃
辰巳佳衣　谷中卓　中島俊平　西川なつか　野﨑竜海　野中保奈美　林拓馬　林秀樹　牧野類
三谷祐一　元木優子　安永姫菜　青木涼馬　小石亜季　副島杏南　中澤泰宏　羽地夕夏　八木眸

Business Solution Company
蛯原昇　志摩晃司　藤田浩芳　野村美紀　南健一

Business Platform Group
大星多聞　小関勝則　堀部直人　小田木もも　斎藤悠人　山中麻吏
伊藤香　葛目美枝子　鈴木洋子　福田章平

Company Design Group
松原史与志　岡村浩明　井筒浩　井上竜之介　奥田千晶　田中亜紀　福永友紀
山田諭志　池田望　石橋佐知子　石光まゆ子　齋藤朋子　俵敬子　丸山香織　宮崎陽子

Proofreader　株式会社 T&K
Printing　シナノ印刷株式会社

ISBN978-4-7993-2678-7　